DATE DUE   DEC 04

GAYLORD			PRINTED IN U.S.A.

ANDRÉS BERGER-KISS

VOCES DE LA TIERRA
VOICES FROM THE EARTH
VOCES DE LA TIERRA

© Andrés Berger-Kiss, 1994, Library of Congress,
Washington, D.C. Registration Number: VAu 297-573

© Reservados todos los derechos para Andrés Berger-Kiss y Ecoe
ediciones
© All rights reserved for Andrés Berger-Kiss and Ecoe ediciones

Primera edición: Santafé de Bogotá, D.C., abril de 1995
ISBN: 958-648-105-0
Editor: Ecoe ediciones
Edición al cuidado de Carlos Alzate Giraldo
Textos en español: Yolanda Madero T., Elvira de Torres
Textos en inglés: Carlos Enrique Alzate Madero
Fotomecánica: Imagen Gráfica Ltda.
Composition and photomechanics: Imagen Gráfica Ltda.
Pintura de la carátula/Cover painting: "Nebulosas eternidades"
"Nebulous eternities" de Susan Adele Pasarow
Foto del autor/ Author's photo: Gabrielle Ackerman
Impresión: Editorial Presencia Ltda.
Impreso y hecho en Colombia
Printed and made in Colombia

ecoe ediciones - apartado aéreo 30969
Santafé de Bogotá, D.C.- Colombia

Nota del Editor: Los poemas en las páginas del lado izquierdo del libro abierto son los originales. *Las traducciones -siempre con un asterisco antes del título- se encuentran en la página del lado derecho del libro abierto, con la excepción de 7 poemas sin traducción que riman, indicados por el símbolo (+), que se encuentran en las últimas páginas de la obra.*

Editor's note: The poems on the pages at the left side of the open book are the original ones. The translations -always with an asterisk before the title- are found on the page at the right side of the open book, with the exception of 7 untranslated poems that rhyme, indicated by the symbol (+), which are found in the last pages of the book.

INDICE = INDEX

Primera Parte =   First Part
1981 - 1994

Página = Page

Segunda Parte = Second Part

1945 - 1994

Illustration by Gustave Doré
Canto 5: The Souls of Paolo and Francesca
Dante Alighieri's *Divine Comedy*

Ilustración por Gustave Doré
Canto 5: Las Almas de Paolo y Francesc
La Divina Comedia de Dante

Presentación

Andrés Berger-Kiss nació en 1927 en Szombathely, Hungría, durante el ajetreo de una gira teatral de sus padres; pero su niñez y adolescencia transcurrieron en Medellín, en la tierra sudamericana del bolero y el bambuco. A los 17 años salió hacia los Estados Unidos para continuar sus estudios.

Voces de la Tierra es un puñado firme de poemas expresados sentida y artísticamente, en dos lenguas distintas, por el mismo autor, escritas con igual pasión y convicción tanto en español como en inglés. Esta publicación tiene, también, un valor simbólico; pues pone de manifiesto una situación palpitante en la realidad de nuestro continente: la convivencia lingüística; la alternancia de dos lenguas que representan el norte y el sur: la opulencia y la necesidad.

Temáticamente, *Voces de la Tierra* canta en coro polifónico, a menudo con la nostalgia de quien añora oír de nuevo "la plegaria de la humilde tejedora, meciendo a su niñita después del arduo día"; a veces risueño, como en sus deleitables poemas para niños; en otros momentos irónico, rebelde o iracundo, pero siempre identificado con los pobres, los desventurados, con los que sufren; a menudo apasionado, como en sus poemas de amor que llevan la marca ineluctable del clasicismo; a veces con una tristeza abrumadora, como son los poemas de las pérdidas irrecuperables. Y cuando el poeta enfoca el continente americano, resuenan los ecos magistrales de una interminable epopeya nativa. En fin, el autor nos revela la aventura de 123 poemas, divididos en dos grupos: aquellos escritos entre 1945 y 1974; y los escritos

*Presentation

Andrés Berger-Kiss was born in 1927 in Szombathely, Hungary, during the bustle of one of his parents' theatrical tours; but his childhood and adolescence transpired in Medellín, Colombia, in the South America of the bolero and the *bambuco* . At the age of 17 he left for the United States to continue his studies.

Voices from the Earth is a strong fistful of poems expressed with feeling and artistry in two different languages by the same author, written with equal passion and conviction in Spanish as in English. This publication has also a symbolic value; it makes evident the throbbing issue of our continent's reality: the linguistic cohabitation; the alternation of two languages which represent the North and the South: the opulence and the need.

Thematically, *Voices from the earth* sings in polyphonic choir, often with the nostalgia of one who yearns to hear again "the humble weaver's prayer, cradling her little child after the arduous day"; sometimes cheerful, as in his delightful poems for children; in other moments ironic, rebellious or wrathful, but always identified with the poor, the unfortunate, with those who suffer; often passionate, as in his love poems which are ineluctably marked by classicism; at times with an overwhelming sadness about irrecoverable loss. And when the poet writes about the American continent, the masterly echoes of an interminable native epic resound. In short, the author reveals to us the adventure of 123 poems, divided into two groups: those written between 1945 and 1974; and those written

entre 1981 y 1994. Esta obra, incluyendo el título y aún el nombre del autor, se desdobla como las imágenes en un caleidoscopio.

Doctorado en psicología clínica en la Universidad de Missouri, el autor ha ejercido docencia postgraduada enseñando psicoterapia a médicos residentes en psiquiatría, y fue jefe de psicólogos y director de Educación de Higiene Mental en el estado de Oregon. Autor de más de 30 publicaciones científicas, su novela, *Hijos de la madrugada*, fue publicada por ECOE Ediciones de Bogotá; sus cuentos y poemas han aparecido en Norteamérica, Latinoamérica y Europa. Tenía 19 años cuando su primer cuento, *El encuentro,* vio la luz en el *Magazín Dominical,* suplemento literario del periódico *El Espectador* de Bogotá.

Andrés Berger-Kiss vive actualmente con su compañera Susan en el estado de Oregon, frente al volcán de Santa Elena, entre zarzamoras y parrales, a orillas del hermoso río Willamette, curso de aguas vehementes por donde nadan raudos, salmones y esturiones.

Gregorio Martínez
Autor peruano
Lima, Perú, 1994

between 1981 and 1994. This work, including the title and even the author's name, unfolds like the images in a kaleidoscope.

With a doctorate in Clinical Psychology from the University of Missouri, the author taught psychotherapy at the post-graduate level to physicians in their psychiatric residency and was Chief Phychologist and Director of Education at the Division of Mental Health in Oregon. Author of over thirty scientific publications, his novel, *Children of the dawn,* was published by Ecoe Editions of Bogotá; his stories and poems have appeared in North America, Latin America and Europe. He was 19 years old when his first story, "The encounter," was born in Bogotá's *Dominical Magazine,* the literary supplement of the newspaper "The Spectator."

Andrés Berger-Kiss lives at the present time with his soul mate Susan in the State of Oregon, facing St. Helen's volcano, among blackberries and vineyards, by the shores of the beautiful Willamette river, where the swift salmon and sturgeon swim.

Gregorio Martínez
Peruvian author
Lima, Perú, 1994

FIRST PART = PRIMERA PARTE

1981-1994

A mi compañera de la vida compartida
To my soul mate of the life shared
Susan Adele Pasarow

LUJURIA

Más allá de Changrilanga,
Más allá de Borondongo,
Por las aguas tibias del Atrato
–Junto al río de las flores–
Donde el sol no espera en el mar del horizonte,
Y la luna llena la penumbra del silencio,
Lujuria mora en las tinieblas de su selva impenetrable,
Mirando con sus ojos afiebrados
Como antorchas en su cueva de deseos.
Medio bestia, medio hombre,
Las ventanas de su hocico husmeante,
        Rebuscando por la presa con fragancia de su tierra,
Se abrieron lentamente
Al hallar por fin el rastro,
Al oler el aroma de su cuerpo
        –Escondidos sus paisajes inefables
        En cascadas de su negra cabellera
        Rondando acariciante, velando sus secretos–
Al oír el jadeo de su aliento,
Al verla recostada, suspirando sobre el musgo
        –Entre flores soñadoras,
        vigilantes del misterio–
Con sus labios entreabiertos, esperando, prometiendo.
En los pechos altaneros de la hembra
Ya dolía la ausencia del tesoro.
Y sus ojos verdeazules,
Somnolientos,
Reflejaban mil pasiones:
        Sentimientos incolmables,
        Mar de besos insondables
        Un suspiro
        Sed de lengua.

*LUST

Beyond the bounds of Changrilanga,
On the other side of Borondongo,
By the tepid waters of the Atrato
    -near the river of the flowers-
Where the sun fades daily on the sea of the horizon,
And the moon is witness to the silences of evening,
Lust dwells in the darkness of his impenetrable forest-
Searching with eyes ablaze with fever,
Like torches in a cave of deep desires.
Half beast, half man,
The scenting windows of his nostrils,
    Searching for prey with earthy fragance,
Opened slowly
When he found at last the trail,
Upon sensing the aroma or her body
    -Her ineffable landscapes
    Hidden by cascading breakers of black hair,
    Hovering while caressing, veiling secrets-
As he heard her throbs of panting,
Seeing her reclined, sighing on mossy blankets
-Among dreamy flowers, guardians of the mystery-
With her lips half parted, waiting to give promise.
In the woman's haughty breasts
The absence of the treasure was now hurting.
And her greenish blue eyes,
Half in slumber,
Reflected multitudes of passions:
    Insatiable sensations,
    Sea of unfathomable cravings,
    A long-held sigh,
    A thirst for tongue.

Ya sintió los pasos anhelantes de Lujuria
Caminando por su húmedo aposento,
Con los ojos encendidos:
> Llamaradas fulgurantes penetrando la espesura
> De los bosques vaporosos del olvido.
"Ven", le dijo.

Allá se amaron al vaivén de las palmeras,
Entre pétalos de orquídeas
Y un rumor de besos.
Sus sombras abrazadas
Fueron proyectadas por la luna
> Desde el lecho tibio de su nido
> Hasta cumbres desoladas
> De un sueño prohibido
En aquella noche de embelesos
Entre estrellas que miraban desde el cielo.

(Quibdó, Colombia, 1987)

Now she felt Lust's sultry footsteps
As he moved through the labyrinths of the jungle
With his eyes all kindled:
>Flashing flames that pierced the thicket
>Of the vaporous forests of oblivion.
>"Come!" she whispered.

There they loved each other
By the swaying palm trees,
Among orchid petals
And a stir of kisses.
Their shadows intertwined in fond embraces
Were projected by the moonbeams
>From the warm bed of their love nest
>To desolate summits
>Of a dream forbidden
Through that blissful night of pleasures
Among stars that watched from heaven.

LLEGASTE EN EL MEJOR DE LOS TIEMPOS

: al fin de la terrible sequía
cuando la Tierra abrasada
estaba por convertirse en ceniza.
Me dijiste,
Seré tuya en las mil maneras como se te antoje.

Siempre comprendiste
–desde lo más trivial
hasta los enigmas prohibidos
del lado parvo del inverso.
Temblamos, tú y yo:
sintiéndonos limpios,
purificados
por la hoja cortante de nuestra pasión,
siempre listos a perdonarnos.
A nadie he conocido como tú.

Fui yo quien se nombró como el colmador de tu deseo.
Hunde tus dientes en mi carne –te susurraba–
y dale rienda suelta al vehemente anhelo
por el placer vedado que roe tus entrañas!
¡no tengas miedo!
¡Qué alegría la nuestra, preciosa!
¡Bendita seas!

Cuántas veces compartimos
aquel dulce gemido de nuestra sangre
cuando se congela antes de hervir,
cuando la Tierra se estremece y el pasado no existe
ni tampoco el futuro
–y nada importa sino aquel momento
que se desliza desde el hielo hasta el fuego.

*YOU ARRIVED IN THE BEST OF TIMES

: at the end of the terrible drought,
when the parched Earth
was about to turn into ashes.
You said to me:
I'll be yours in the thousand ways you fancy me.

You always understood
-from the most banal
to the forbidden enigmas
of the dark side of the inverse.
We tremble, you and I:
feeling cleansed,
purified
by the cutting blade of our passion,
always ready to forgive each other.
I have never known anyone like you.

It was I who named himself the fulfiller of your desire:
Sink your teeth in my flesh -I whispered to you-
and let the vehement yearning for pleasure
gnawing deep inside you be loose-reined.
Don't be afraid!

What joy is ours, precious!
Bless you!

How many times we shared
the sweet moan of our blood when it congeals
before boiling
and past doesn't exist nor future
-and nothing matters
except that moment slipping from ice to fire.

Cuántas veces nos hemos mirado
a través de la neblina de una pasión engolfante
con nuestros ojos turbios por un deseo supremo,
cuando sentía el palpitar de tu corazón
–que daba un vuelco mortal en mi pecho–
y tú el mío,
quedando vaciados,
exhaustos en el dichoso embeleso.

Cuántas veces,
dimos juntos aquel paso infinito
alrededor del peñasco que se encuentra
en el borde fatal del abismo
donde ruge el viento,
quedando al descubierto,
desnudos en el filo expuesto del universo
donde la vida se vive
de instante a instante precioso.

Y sin embargo,
cuando pienso en ti,
es tu ternura   es tu compasión
es tu humildad   es tu misericordia
lo que más me conmueve.
Los años han pasado
y ninguno de tus encantos ha mermado.
Todo será posible, me dices, sonriendo.
Bien sabes que ambos sabemos que mientes.
Sí, mi amante,
contigo
ni a la muerte le temo:
Cuando venga,
pretenderemos que es del amor
alguno de nuestros juegos.

(Grande Ronde, Oregon, USA, 1994)

How often we looked at each other
through the haze of an engulfing passion
with our eyes turbid by a supreme desire,
when I'd feel the pounding of your heart
-overturning dangerously upon my breast-
and you mine,
remaining emptied,
exhausted in the joyous rapture?

How many times we took together
the infinite step
around the boulder
that lies at the rim of the abyss
where the winds roar,
remaining in the open,
naked by the exposed edge of the universe
where life is lived
from instant to precious instant?

And yet,
when I think of you,
it is your tenderness,
your compassion,
your humility,
your mercy that most touch me.

The years have passed
and none of your charms has worn away.
Everything's possible -you assure me, smiling.
How well we both know you lie.

Yes, my love,
with you I'm not afraid of death:
when it comes,
we'll pretend
it is one of our love's many games.

BALADA DEL AMOR INFINITO

I

Un año más -o aun el largo siglo-
es apenas un instante de la edad del cielo.
Y sin embargo, por ser contigo,
cada suspiro de vida juntos
es comparable con algo eterno.

II

Cuando ya no quede ni una huella
de nuestro breve encuentro
y todo el pasado se sumerja impasible
en un nuevo mundo-
Si en la brisa que aspiren amantes
de aquel otro tiempo
sintieran,
sin darse cuenta, un leve signo
-indescifrable, vago misterio-
no será el vaho del ave nocturna que retorna
en su último vuelo al tibio nido
antes de cerrar sus alas enormes el firmamento,
sino que, desde muy lejos, les llegará
-como un beso secreto-
el único rastro del amor que fue nuestro.

III

Los resuellos de los besos que nos dimos-
tu risa: arrullo del manantial más tierno-
los gemidos ardientes del embeleso-
de nuestros corazones el latido en perfecto concierto
-aquellos murmullos que fueron nuestras voces-

*BALLAD OF THE INFINITE LOVE

I

One year -or even the long century-
is only an instant of the age of heaven.
And yet, because it's with you,
each breath of life together
compares to a world eternal.

II

When not a vestige remains
of our brief encounter
and all the past will vanish impassive
into another time
-if in the breeze that lovers breathe
in that new world
they'd feel
without being aware, a slight sign
-undecipherable, mysteriously vague-
it's not the nocturnal fowl's flutter
returning to the warm nest in her last flight
before the firmament closes its enormous black wings,
but rather, from very far, we'll have reached them
-like a secret kiss-
with the only trace of the love that was ours.

III

The muffled sounds of our kisses
-your laughter: music from the tenderest brook-
-our hearts' beat in perfect concert-
those murmurs which were our voices

se apagarán enmudecidos con el paso del tiempo,
para revivir de nuevo, como el eco distante
de la antigua noche estrellada,
cada vez que otros resuellos de un amor profundo
estremezcan la misma Tierra que nos brindó su aliento.

IV

Ya otros vendrán
-un Auguste Rodin-
a velar el amor de una ninfa y algún Centauro,
el abrazo de una hembra vestal y su gran Minotauro-
o un trágico Dante, testigo de las llamaradas infernales
que mecen a Paolo y a Francesca en vientos pasionales-
pero no hay ni habrá del querer un maestro
que encuentre un amor más tierno que el nuestro.

V

Ya otros sabrán
lo que es del amor
su goce divino:
-la mirada sensual,
la suave sonrisa,
el rito triunfal,
un abrazo en el mar del olvido-
y algunos, sin duda, creerán que trascienden
la muerte al estar juntos,
como nosotros también lo creímos,
pero contados serán los que tal vez lograrán
cuajar una lágrima azul en los ojos
como las que nos brotaban profusas
de la dicha inmortal
al sólo vernos.

(Lake Oswego, Oregon, USA, 1993)

will be quenched muted with the passage of time,
to revive again, like the distant beat
of the ancient starry night,
each time that other rumors of a deep love
pulsate on the same Earth that lent us its breath,
where we too were lovers.

IV

Others will come
-an Auguste Rodin-
to watch over the love of a nymph and her Centaur,
the embrace of a vestal slave and her great Minotaur-
or a tragic Dante, witness of infernal flames
rocking a Paolo and a Francesca-
but the search would be long
by any master of love
to find two lovers as tender as we.

V

Others will know what it is
about love's divine joy that transcends them:
the sensual look,
the soft-spoken smile,
the triumphal rite,
an embrace in the sea of oblivion.
But few will succeed in curdling a blue tear
like those that burst out of our eyes in profusion
when we felt inmortal
just at the joy of seeing each other.

LOVE ME, LOVE ME

now!
While sundust still nests in my hair
and my eyes light up at your sight
now that my legs rise from the solitude of the sea
    -licked on all sides by ancient waves
      cleansed by tides-
granite columns among sky bound titans
while time is ours.

Love me. Love me now!
Now that my arms ache for your touch
while my lips and tongue melt when you smile
and I can still feel the wondrous agony of desire
      suspended over cliffs
      reaching for the summit
while I contemplate your nakedness
      not daring to believe the miracle of joy
while my whole body is no more than a trembling leaf
resonating with the universe.

                Yes, love me,
                love me
                now!

           (Palm Springs, California, USA, 1985)

*¡AMAME! ¡AMAME

ya!
Mientras que el polvo del sol
todavía anida en mi cabello
ahora que mis piernas se levantan de la soledad del mar
    -lamidas en todos lados por vetustas olas
    limpiadas por la marea-
columnas de granito entre titanes que hacia el cielo van
mientras el tiempo sea nuestro.

¡Amame! ¡Amame ya!
ahora que mis brazos duelen de amor por tí
mientras mis labios y mi lengua se derriten cuando sonríes
y todavía siento la agonía maravillosa del deseo
    suspendido sobre peñascos
    alcanzando la cima
mientras contemplo tu desnudez
    sin atreverme a creer en el milagro de la dicha
mientras mi cuerpo entero no es sino una temblante hoja
resonando con el universo.

                ¡Sí! ¡Amame!
                ¡Amame
                ya!

UN POEMA PARA PITER

No sospechas que a menudo
Cambiaría mi vida por la tuya.
Por tanto tiempo pensé que no era justo:
Yo, aquí en el césped blanco del Norte
Y tú, allá en la mansión verde del Sur.
Yo, en mi atavío dorado-
Tú, con el saco corto prestado por las monjas.
El tiempo nos ha marcado y ahora
Ya casi es la hora del olvido.
Una brisa cálida me da a veces en la cara
          -Yo pienso que es la brisa del Sur.

Entonces sé y siento más que nunca:
Eres mi hermano y por tí daría la vida.
Pero ya es muy tarde:
Tan tarde como el día cuando naciste.

Seguimos distintos senderos desde el principio:
Tú, sin poder siquiera hacerle el nudo a tu zapato-
Yo, acumulando cincos en la escuela.
Tú, esperando en la larga fila por el médico-
Yo, viajando libre por los siete mares.

Cuando nos vimos de nuevo
Después de la larga ausencia
Casi que no nos reconocimos.
Me llevaste, cogidos del brazo, por corredores
Interminables mientras cantábamos a pleno pulmón
"Allá en el Rancho Grande"
Como en los tiempos antiguos.

*A POEM FOR PITER

You don't suspect that often
I'd trade my life for yours.
For so long I thought it was unfair:
I, here on the white lawn of the North
And you, there in the green mansion of the South.
I, in my golden attire-
You, with the short coat lent by the nuns.
The years have marked us and now
It is almost the time of forgetfulness.
A warm breeze strokes my face
        -I think it's the Southern breeze.

Then I know and feel more than ever:
You are my brother and for you I'd give my life.
But now it's too late:
As late as it was the day when you were born.

We followed different paths from the beginning:
You, unable to even tie your shoe-
I, accumulating A's in school.
You, waiting in the long line for the doctor-
I, traveling freely through the seven seas.

When we met again
After the long absence
We almost didn't recognize each other.
You took me arm in arm through interminable
Corridors while we sang at the top of our lungs
"Over yonder at the Rancho Grande"
Like in the old days.

Te sorprendió cuando de repente me puse a llorar
En la mitad del patio sin saber qué hacer.
Ahora me cuentan que todavía cantas a solas
Entre las sombras del lugar donde moras.

Supe que a veces
Te dejan salir al pueblo a tomar un tinto
Pero, como nunca aprendiste a amarrarte el zapato
Tienes que regresar.
Allá te esperan y si te demoras van por tí.

¿Y yo?
Aquí en la universidad recibiendo un doctorado,
Ofertas, contratos, premios-
Tal como si aún fuera ayer.
Y sin embargo, mi querido Piter, a menudo
-En el brote total de la luna-
Cambiaría mi vida por la tuya.

(Sibaté, Colombia, 1994)

It surprised you when I suddenly burst out crying
In the middle of the patio without knowing what to do.
Now they tell me you still sing alone
Among the shadows of the place where you dwell.

I found out that sometimes
They let you go to town for a cup of coffee
But you never learned to tie your shoe
So you must return.
They await you there and fetch you if you're late.

And I?
Here at the university obtaining a doctorate,
Offers, contracts, prizes
As though it were still yesterday.
And yet, my dear Piter, often
-In the full burst of the moon-
I'd trade my life for yours.

LAST NIGHT

while I was sleeping,
my heart. . .
my heart stopped beating.
        The stillness within awoke me.
I meant to tell you:
        Thank you.
But you lay next to me
so peacefully
smiling. . . . . .
a dream of joy faintly touching
the corners of your lips. . . . .
so lovely I didn't wish to wake you.
        If I should die before I wake
        . . . .I must touch her once more.
So I moved closer to you
        . . . .snug and content.
Of all the things I wish to do yet
at least I was able to be next to you
again.

Last night
while I was sleeping
my heart. . .

                    (Palm Springs, California, USA, 1992)

*ANOCHE

mientras dormía,
mi corazón ....
mi corazón no latía.
     Una quietud interna me despertó.
Pensé decirte:
     Gracias.
Pero descansabas junto a mí
tan tranquila
sonriente...
un sueño feliz tocando levemente
las esquinas de tus labios...
tan encantadora.
     Si he de morir antes de despertar
     ... quiero acariciarla una vez más.
Así, me moví junto a tí
... cómodo y contento.
     Entre todo lo que aún quisiera hacer
     al menos pude abrazarte
     una vez más.

Anoche,
mientras dormía,
mi corazón ...

LETTER TO MY LOVER

Now I understand that I relish
whispering base words in your ears
during the heat of our pleasure
because your joy is my instant absolution,
transforming coarseness into tenderness,
replacing profanity with virtue,
changing corruption into exultation,
death into life.

Such is the way you and I
convert the act of making love
into a sublime and exquisite pagan ritual.

(Quibdó, Colombia, 1987)

*CARTA A MI AMANTE

Ahora comprendo que me apetece
susurrar vilezas en tus oídos
durante el fervor de nuestro placer
porque tu regocijo es mi perdón instantáneo,
transformando lo basto en lo tierno,
reemplazando la profanidad con la virtud,
cambiando la corrupción por el júbilo,
la muerte por la vida.

Así es como tú y yo
convertimos el acto de amar
en un rito pagano exquisito y sublime.

SOLITUDE

Cliffs rooted to the Earth
under a cloudless sky,
loom in the horizon.
Paths are absent
in this barren wilderness.
Only craggy knots of granite embrace.
Desolate -the sheer stone
on the edge of the world
points vaguely at the impassive,
blinking star
while the indolent vault of night
turns and the vast kaleidoscope
shifts without a murmur.
Tomorrow
-one day hence or in a million years-
will be the same as now
except a cliff or two
-haphazardly moved-
will lie elsewhere
in this gaping solitude
pointing for a moment
toward another star.

(Palm Springs Desert, California, USA, 1991)

*SOLEDAD

Peñascos arraigados en la Tierra
bajo un cielo desnublado,
amenazan en el horizonte.
Los senderos se ausentan
en este desierto yermo.
Sólo nudos ásperos de granito se abrazan.
Desolado- la piedra escarpada
al borde del mundo
señala hacia la impasiva
estrella titilante
mientras que la cúpula indolente
de la noche voltea y
el vasto caleidoscopio
cambia sin un murmullo.
Mañana
-dentro de un día o en un millón de años-
será lo mismo como es ahora
excepto que uno o dos riscos
-movidos al azar-
estarán en algún otro sitio
de esta abismante soledad
señalando por un momento
hacia otra estrella.

EL POEMA PERFECTO

El viejo poeta
Se demoró años pensando en su poema
Puliéndolo
Como si cada palabra fuese un diamante
Trabajando con sus giros
Su cadencia
Mejorando el verso
Cuando quiera que lo tocaba
Guiando sus frases
Con ternura y con pasión
Por nuevos senderos
Velando por su métrica
Su balance
Variando la sutileza de sus colores
De sus sombras
Afilando el tema con asombrosa pericia
Hasta que un día supo
Que había terminado de escribir
El poema perfecto.

    Para recordar siempre el destino
    Transitorio de la existencia humana
    Sintiendo una compasión infinita
    Por los que sufren
    Sabiendo que todo tendría que envejecer
    Y morir
    Arrojó el poema perfecto
    A las aguas del río
    No lejos del mar
    Donde desapareció.

(Lake Oswego, Oregon, USA, 1994)

*THE PERFECT POEM

The old poet
Took years thinking about his poem
Polishing
Each word as if it were a diamond
Working over its turns
Its cadence
Improving the verse
Every time he touched it
Guiding its phrases
With tenderness and with passion
Through new paths
Watching over its metrics
Its balance
Varying the subtlety of its colors
Of its shadows
Honing its theme with amazing skill
Until one day he knew
He had finished writing
The perfect poem.

     To always remember the transient
     Nature of human existence
     Feeling an infinite compassion
     For those who suffer
     Knowing that everything must age
     And die
     He tossed the perfect poem
     Into the waters of the river
     Not far from the sea
     Where it disappeared.

EL DIA QUE YO MUERA

enterradme con los pobres de la Tierra.
Añoro por la mano fuerte del herrero como guía.
No me deis las palabras de algún iracundo profeta
sino la plegaria de la humilde tejedora
meciendo a su niñita después del arduo día.
Quiero estar junto al panadero de mi aldea,
tener del arriero su compañía,
al labrador en la alborada,
al tendero de la esquina.
Mañana, cuando yo muera,
enterradme con los pobres de mi Tierra:
enterradme en Colombia.
Si no -regad mis cenizas
en cualquier cumbre forastera
que tal vez los vientos compasivos
se lleven la porción del corazón
hasta mi patria chica.
Allá descansaré
con los pobres de mi Tierra
en cualquier rastrojo
por infeliz que sea.

(Portland, Oregón, USA, 1989)

*THE DAY WHEN I SHALL DIE

bury me with the poor ones of the Earth.
I yearn for the smith's strong hand as guide.
Don't give me some wrathful prophet's words
but the humble weaver's prayer
cradling her little child after the arduous day.
I want to be near the baker of my village,
have the company of the muleteer,
the tiller at dawn,
the corner shopkeeper at twilight.
Tomorrow, when I shall die,
bury me with the poor ones of my Earth:
bury me in Colombia.
If not -spread my ashes
from any foreign summit
and perchanche the compassionate winds
will carry the portion of the heart to my home town.
There I shall rest
with the poor ones of my Earth
on any barren wasteland,
no matter how hapless.

CARTA A UN COMPATRIOTA

Para mi colega, el Dr. Francisco Gómez

Todavía me acuerdo
Como si fuera ayer
De aquella mañana
Cuando llegamos tarde
A la bendita ceremonia
Donde nos otorgaron
La ciudadanía norteamericana
Y donde creo que ni tú ni yo
Sabíamos si deberíamos reír o llorar.
Así pasaron las horas de aquel día
hasta que las señoras
Daughters of the American Revolution (1)
Encargadas de nuestra bienvenida
Se cansaron de ondear
Sus banderitas estrelladas y de cantar
"This is my country
land of my birth", (2)
Mientras mis ojos no veían sino
Amarillo
Azul
Y rojo
Y en mis oídos sólo repercutían
Las estrofas inmortales de Epifanio Mejía:
"Amo el sol porque anda libre
Bajo la azulada esfera-
Al huracán porque silba
Con libertad en mi selva".

(Portland, Oregon, USA, 1989)

(1) Organización chauvinista llamada Hijas de la Revolución Americana.
(2) Esta es mi patria, tierra donde nací.

*LETTER TO A COMPATRIOT

For my colleague, Dr. Francisco Gómez.

I still remember
As if it had happened yesterday
That morning
When we arrived late
To the blessed ceremony
Where they bestowed upon us
The United States citizenship
And where I believe neither you nor I
Knew whether we should cry or laugh.
That's how the hours of that day went by
Until the ladies
Daughters of the American Revolution
Who were in charge of our welcome
Got tired of waving
Their starred little flags
And of singing:
"This is my country
land of my birth,"
While my eyes saw nothing but
Yellow
Blue
And red
And the only words beating in my ears
Were the immortal stanzas of Epifanio Mejía:
"I love the sun because it roams freely
Under the blue sphere-
The hurricane because it whistles
With freedom in my jungle."

¡OLE, MANUEL BAEZ "LITRI", OLE!

Ya nadie recuerda:
     vivos o muertos,
     todo se olvida.

Nadie recuerda,
pero hubo un tiempo cuando los hombres
sabían morir con gallardía.

Era el 18 de febrero de 1926
y el hombre de Huelva
-el que domaba los toros-
después de perder un río de sangre
     que por una semana fluyó de su pierna,
     por osar arrancar el poema vedado de la bravura
     del alma del último toro del domingo de Málaga,
pasó a su final agonía.

Nadie recuerda:
vivos o muertos
todo se olvida.

Nadie recuerda
pero hubo un tiempo cuando los hombres
preparaban su muerte como un poema.

El once fue herido
Manuel Báez "Litri"
por el bramido del asta en el día festivo
mientras miles de voces clamaban "¡Olé!"

     Allá quedó revolcado en la arena
     atisbando la muerte
     en el ojo cercano salpicado de sangre.

*OLE, MANUEL BAEZ "LITRI," OLE!

> Now no one remembers:
> living or dead,
> everything's forgotten.

No one remembers,
but there was a time when men
knew how to die nobly.

It was the 18th of February in 1926
and the man from Huelva
-the one who tamed bulls-
after losing a river of blood
which flowed for a week from a wound in his leg
for daring to wrest a poem of anger
from the soul of Sunday's last bull in Málaga,
went to his final agony.
Almost all those who saw him are dead.

> Now no one remembers:
> living or dead
> everything's forgotten.

No one remembers
but there was a time when each man
prepared his death like a poem.

On the eleventh
Manuel Báez "Litri" was wounded
by the horn's roar in the festive day
while thousands of voices clamored "Olé!"

There he stayed wallowing in the sand
while he watched death spying near him
in the beast's eye, sprinkled with blood.

Se apagaron las voces y entre sus compañeros
    (picadores José Cantos "Barana"
    y Francisco Leyva "Chaves"
    -banderilleros Angel Martínez "Cerrajillas",
    José Salvador "El Pepillo"
    y Manuel García "Esparterito")
empapados de rojo lo llevaron en silencio.

Las voces se perdieron en los laberintos del tiempo.

Ya nadie recuerda:
    vivos o muertos,
    todo se olvida.

Nadie recuerda
pero hubo un tiempo cuando los hombres
miraban altivos
y de su abolengo hablaban con orgullo.

Antonio de Haba "El Zurito" y Marcial Lalanda
    -los otros dos domadores de toros
    en aquella tarde malagueña
    cuando los mil soles se hundieron
    en la carne de "Litri"-
vinieron al gran salón de la muerte
a despedirse como toreros en privada faena.
A Antonio, compañero de tantas tardes de triunfos,
le dio su chaqueta dorada,
la de los bordados negros,
la que le quitaron rasgada,
con las manchas de sangre que en burbujas brotaron.
Marcial recibió de las manos en agonía
dos banderillas verdes con puntas rosadas
y su estoque de plata.

The voices were muted and among his colleagues
    (picadors José Cantos "Barana"
    and Francisco Leyva "Chaves"
    -banderilleros Angel Martínez "Cerrajillas,"
    José Salvador "El Pepillo" and Manuel García
                    "Esparterito")
drenched in red they carried him in silence.
The voices were lost in the labyrinths of time.

                Now no one remembers:
                   living or dead
                   everything's forgotten.

No one remembers
but there was a time when men held lofty ideals
and spoke proudly of their ancestry.

Antonio de Haba "El Zurito" and Marcial Lalanda
    -the other two bull tamers
    in that Malaganese afternoon
    when the thousand suns sank
    into "Litri's" flesh-
came to the great hall of the dying,
like matadors bidding farewell
in their private series of passes before the kill.
To Antonio, who shared so many evenings of triumphs,
he gave his golden vest,
the one with the black embroidery,
the one they took from him ripped,
with the stains of blood that burst out in bubbles.
Marcial received from the hands in agony
two green banderillas with pink points
and his silver rapier.

Los tres se miraron por última vez
sin decir una palabra,
con el dejo de una vaga sonrisa.

Lo que sucedió, sucedió muy aprisa,
todos sabiendo que la muerte impaciente no espera.

Pero ya nadie se acuerda:
a sus hijos contaron las hazañas de "Litri"
y algo dijeron de aquel adiós lastimero.
Sin duda en sus casas exhibieron
la chaquetilla dorada, las banderillas verdes
y el estoque de plata.
Pero las casas cambian de dueño
y el tiempo aniquila reliquias.

Ya nadie recuerda:
        vivos o muertos,
            todo se olvida.

Nadie recuerda
pero hubo un tiempo cuando los hombres,
por más que doliera, sabían esperar en silencio.

Ya Manuel Báez "Litri"
había escogido mil veces la muerte
en vez de invalidez permanente.
A gritos no quiso rogar que viniera a salvarlo
del dolor horroroso de su pierna amputada.
De niño, solo, en la luz de su Huelva,
en una Romería del Rocío, halló su coraje en el ruedo
y ahora, sufriendo,
con aquel recuerdo feliz ahuyentaba el suplicio.

The three of them looked at each other
without uttering a word,
the faintest of smiles on their faces.
What happened, happened in great haste,
all of them knowing that impatient death does not wait.
But now no one remembers.

To their children they told of "Litri's" feats
and something they mentioned about that doleful goodbye.
Doubtless they exhibited in their homes
the golden vest, the green banderillas
and the silver rapier.
But homes change owners
and time annihilates relics.

                    Now no one remembers:
                        living or dead
                        everything's forgotten.

No one remembers
but there was a time when men,
disregarding the pain, knew how to wait in silence.

Already Manuel Báez "Litri"
chose death a thousand times
instead of becoming a permanent invalid.
Screaming he didn't wish to beg death to spare him
from the terrible torment of his severed limb.
As a child, alone, by the light of his Huelva,
in a Festival of Dew,
he found his courage in the arena
and now, as he suffered,
with that happy memory he banished the agony.

Uno por uno, su querida cuadrilla pasó por su lado.
"Adiós Manuelito", le dijo "Barana", conteniendo una lágrima.
"Pronto nos vemos en la gran Plaza del Cielo".
Un apretón de manos, un abrazo,
un beso en la frente le dieron aquellos amigos de antaño.
"Por lo menos, aquí moriremos contigo en España",
                                                    dijeron,
su mirada clavaba en algún extraño horizonte
más allá de los muros del cuarto donde ya mugía la muerte.

"Litri" le dio a cada uno un pedacito de su vida de espada:
su capote de brega, su cinta morada,
fotos, medallas, una flor apretada.
Eso ya sucedió hace mucho:
en la alborada de nuestro trágico siglo.

Ya nadie recuerda:
        vivos o muertos,
        todo se olvida.

Nadie recuerda
pero hubo un tiempo cuando los hombres
no le temían ni a la muerte ni a la vida.

Ya no le quedaban más que unos instantes.
Pidió que todos se fueran menos su padre
y tuvo tiempo para poner en sus manos
La Oreja de Oro
que se había ganado lidiando en Madrid el toro más bravo.
Murió como uno de los hombres de su estirpe:
con una digna sonrisa triunfal en los labios.

One by one, his crew of bullfighters walked by his side.
"Goodbye, Manuelito," his best friend "Barana" said,
                      restraining his tears.
"Soon we shall see you at that great bullring in the sky."
They shook hands. They embraced.
A kiss on his forehead was left by each one of those old friends.
"At least, we shall die here with you, in Spain," one said,
their eyes focussed on the strange horizon
beyond the walls of the room where death already bellowed.

"Litri" gave each a small piece of his life with the sword:
the cape he used in his struggles,
his purple sash, photos, medals, a pressed flower.
All that happened a long time ago:
in the dawn of our century of tragedies.

                    Now no one remembers:
                       living or dead,
                          everything's forgotten.

No one remembers
but there was a time when men
were neither afraid of dying nor living.

"Litri" had only a few moments left.

"I want to remain with my father alone," he said
and placed in his hands
the Golden Ear
he earned fighting the bravest of bulls in Madrid.

He died as one of the men of his lineage:
with a dignified smile of triumph on his lips.

"Litri ha muerto...." -se oyó el susurrar
de las voces por corredores y patios
en grupos sombríos que se miraban con pena,
pero agradeciendo a la muerte por rescatar
al torero del dolor imposible.

En el aire frío de aquella noche de invierno
no se oyeron otras palabras por los confines de España:

¡"Litri ha muerto"!

De eso hablaron un tiempo.

Más luego el mundo se vino al suelo en bancarrota
y con la Guerra Civil
el terror destruyó las alondras.
La muerte de "Litri" se perdió
entre las hojas que cayeron profusas
en el vendaval de los años.

Ya nadie recuerda:
            vivos o muertos,
            todo se olvida.

Nadie recuerda
pero hubo un tiempo cuando los hombres ....

(Ronda, España, 1987)

"'Litri' is dead. . . . ." said the whispering
voices by corridors and patios
in groups that were somber and looked in anguish,
yet thankful that death came to rescue
their bullfighter from the impossible pain.

In the cold air of that winter's night
there were no other words heard throughout Spain's
                                                    confines:
"'Litri' is dead!"

For a time they spoke about it.

And then the world tumbled in bankruptcy
and with the Civil War
terror destroyed the meadowlarks.
"Litri's" death was lost among the leaves that fell
in the gale of the years.

                        But now no one remembers:
                                living or dead,
                                    everything's forgotten.

No one remembers,
but there was a time when men. . . . .

ODE TO HUNGARY

If you come from the vast steppes
spread out before the mountain chain of the Urals
in the Russian heartland of Asia
you must cross the mighty river Volga
on its way to the Caspian Sea.

Journey through Syzran and Tombov
by Lipetsk and Kiev
where you will find the mystical waters of the Dnieper
        river of the thousand love songs
reaching into the cradle of history.

Move through Vinnitsa
where the steep slopes of the Carpathian mountains
lift your eyes toward the sky
and when you surmount their tops
look out from the barren hills:
there in the great distance below
you will discover the splendid basin
        ancient domain of the Magyars
where the soil has been tended with care
for over ten centuries.

Spring still offers its richness once a year
just as it did before the nomads
settled the fertile ground of their new homeland.

It will not take you long to know:
neither the light of the acacia tree
nor the fresh smell of lilacs
are new to this land.

*ODA A HUNGRIA

Si vienes de la vasta llanura
que se extiende ante la cadena montañosa de los Urales
en el corazón de la Rusia asiática
tendrás que cruzar el poderoso río Volga
que va con rumbo hacia el Mar Caspio.
Viaja a través de Syzran y Tambov
por Lipetsk y Kiev
donde hallarás las aguas místicas del Dnieper
        río de los mil cantos de amor
que comenzó en la cuna de la historia.

Pasa por Vinnitsa
donde las vertientes escarpadas de los Cárpatos
levantarán tus ojos hacia el cielo
y cuando hayas conquistado sus cumbres
mira desde los áridos altozanos:
allá abajo en la gran distancia
descubrirás el espléndido valle
        antiguo dominio de los magiares
donde la Tierra ha sido cuidada con esmero
por más de diez siglos.

La primavera aún brinda su riqueza una vez al año
tal como lo hacía antes de que los nómadas
se establecieran en el suelo fértil de su nueva patria.

No tardarás en saber:
ni la luz de la acacia
ni el fresco aroma del lilac
son nuevos en esta Tierra.

Coming from the North
        from the icy cliffs of rugged Scandinavia
        across the restless waters of the Baltic Sea
        over the misty shores of Poland
walk through ageless Warsaw and Krakow
        as the millions of homeless walked
        back and forth through the turbulent ages
until you arrive at these shores on the Danube.

The land spreads out along the river
making the plains vulnerable to easy entry
beyond the white pinnacles of the Alps
        highest and most splendid gems in the heart of Europe
        whose beauty will take your breath away.

If you come from the South
        from the islands of ancient Greece
        on the balmy Mediterranean
journey on
pausing by the soft sands of the Bulgarian Black Sea
and arrive here at this basin
through the dense forests of the Rumanian and
                              Transylvanian hills
where in the placid summer evenings the stars can be
                                          counted.

In all these places the abiding Earth
wears its glory proudly and yet
nowhere is it more precious than in this valley of the Danube
tucked away from the seas behind the mountains
because nowhere else lie buried
so many who died for such a small piece of land.

Viniendo del norte
      desde los borrascosos farallones helados
      de la escarpada Escandinavia
      por las aguas inquietas del Mar Báltico
      por el brumoso litoral polaco
camina a través de las sempiternas ciudades de Varsovia y Krakow
      como los millones de destituidos caminaron
      del uno al otro en las edades turbulentas
hasta que llegues a estas riberas del Danubio.

La Tierra se esparce a lo largo del río
y el valle es vulnerable al formarse una entrada fácil
al otro lado de los blancos pináculos de los Alpes
      las más altas y espléndidas alhajas del corazón de Europa
cuya beldad te dejará pasmado.

Si vienes del sur
      desde las islas de la Grecia antigua
      del suave Mediterráneo
sigue tu peregrinaje
 pausando por las blandas arenas del Mar Negro de Bulgaria
y llega aquí a este valle
a través de los densos bosques en las colinas de Rumania
                    y la Transilvania
      donde se pueden contar las estrellas
      en las noches plácidas del verano.

En todos estos lugares la Tierra perdurante
viste su gloria con orgullo y sin embargo
en ninguna parte es más preciosa que en este valle del Danubio
      escondido de los mares detrás de montañas
porque sólo aquí yacen
tantos que perecieron por un pedazo de terruño tan pequeño.

Here
        in what remained of the old Hungary
each step of the ground is consecrated by the blood of
                                                    heroes:
you cannot stay without sensing that it bears a beauty
not only fraught with the gladness of spring and life
but also with the silence of winter and death.

If you can allow this contrast to enter your heart
this constant mixture of joy and sadness
you will understand the music and the poetry
that burst out everywhere you go in this valley.

And only then will you be in touch
with the spirit of the Magyars!

                                (Budapest, Hungary, 1985)
                                (Anyámnak: for my mother)

Aquí
    en lo que quedó de la vieja Hungría
cada paso del suelo está consagrado por sangre de héroes:
no podrás permanecer sin sentir que sustenta una belleza
no sólo preñada con el gozo de la vida primaveral
sino con el silencio del invierno y de la muerte.

Si permites que entre a tu corazón este contraste
    esta mezcla constante de gozo y de tristeza
comprenderás la música y la poesía
que se desatan donde quiera que vayas en este valle.

¡Y será sólo entonces cuando estarás en comunión
con el espíritu de los magiares!

                    (Anyámnak: para mi madre)

NAMES OF MY NATIVE AMERICA (1492-1992)

What strong and invincible names are worn
    by the mountains and the rivers
    villages and cities
    by all the wonders of this Earth that's my America:
        Tierra del Fuego and Death Valley
        Guanahaní
        Chattanooga and Okefenokee
        Huamachuco and Paraná.

What soaring voices -how majestic!
        Amazonas and Missouri
        Tangarara
        Urubamba and Arequipa
        Chattahoochee
        Putumayo and Caquetá!

How they sound like cataclysms:
        Richaripuñulianquichu and Kuujjuarapik
        Tegucigalpa
        Tamalameque
        Toronto
        Tabatinga
    Cochabamba and Bogotá!

How those names evoke a march of giants:
        Archipiélago de los Chonos
           Cuzco and Tehualtepec
           Seattle and Chicago
      Hochelaga
           Patagonia and Oregon!

*NOMBRES DE MI AMERICA NATIVA (1492-1992)

Qué nombres tan fornidos e invencibles
    ostentan las montañas y los ríos
    las aldeas y ciudades
    todos los pedazos de esta Tierra que es mi América:
        ¡Tierra del Fuego y Valle de la Muerte
        Guanahaní
        Chattanooga y Okefenokee
        Huamachuco y Paraná!

Qué de voces majestuosas y altaneras:
        ¡Amazonas y Missouri
        Tangarara
        Urubamba y Arequipa
        Chattahoochee
        Putumayo y Caquetá!

Cómo suenan retumbando con el son de cataclismos:
        ¡Richaripuñulianquichu y Kuujjuarapik
        Tegucigalpa
        Tamalameque
        Toronto
        Tabatinga
        Cochabamba y Bogotá!

Cómo evocan esos nombres una marcha de gigantes:
        ¡Archipiélago de los Chonos
        Cuzco y Tehualtepec
        Seattle y Chicago
        Hochelaga
        Patagonia y Oregon!

What power of rebellion they awaken:
>Wanatchee
>Dakota
>Chesapeake and Quexaltenango
>Stadaconé
>Tillamook and Yuscarán!

All speak proudly in a language of daring independence:
>Alaska and Paramaribo
>The Tetons
>Paraguay and Wakashan.

How they roar untamed into the future:
>Oklahoma and Guantánamo
>Machu Picchu
>Takomah and Saskatoon
>Iguazú and Tucumán!

Listen to the mighty names of my native America
>reverberate magnificently:
>>Titicaca and Nicaragua
>>Clackamas and Ketchikan!
>Chimborazo
>Orinoco
>>Mississippi
>Aconcagua and Yucatán!

(Whitehorse, Yukon, Canada, 1992)

Qué poder de rebeldía ya despiertan:
> ¡Wanatchee
> Dakota
> Chesapeake y Quexaltenango
> Stadaconé
> Tillamook y Yuscarán!

Todos hablan altaneros un lenguaje de atrevida independencia:
> ¡Alaska y Paramaribo
> Las Tetonas
> Paraguay y Wakashan!

Cómo rugen indomables hacia el futuro:
> ¡Oklahoma y Guantánamo
> Machu Picchu
> Takomah y Saskatoon
> Iguazú y Tucumán!

Oíd los nombres poderosos de mi América nativa
que soberbios repercuten:
> ¡Titicaca y Nicaragua
> Clackamas y Ketchikan!
> ¡Chimborazo
> Orinoco
> Mississippi
> Aconcagua y Yucatán!

LO QUE DICE EL RIO

Ayer le pregunté a una niña:
¿Sabes quién habla con el viento?
    Sí, me dijo -El río.
Y dime, ¿Qué dice? ¿De qué habla el río?
    Le da las gracias por acariciarlo- contestó ella.
Y le dice -Te amo, viento.

(Lake Oswego, Oregon, USA, 1993)

BIRTHDAY

(For my daughter Sara Natasha Berger-Berman)

At the party
celebrating your thirteenth birthday
I spied you while you played
pretending to be a grown-up
with your girlfriends.

I thought of giving you a long look
that would last me for the rest of my life
-knowing what you had not discovered yet:
that the years pass in the closing
and the opening of the eyes-
sensing that in those precious moments
you were the freshness
a joy
the sun and the sky
and the soft breeze.

(Lake Oswego, Oregon, USA, 1991)

*WHAT THE RIVER SAYS

Yesterday I asked a girl:
Do you know who speaks with the wind?
> Yes -she told me -the river.
> And tell me, what does it say? What does the river talk about?
> The river thanks the wind for caressing him- she answered.

And says -I love you, wind.

*CUMPLEAÑOS

(Para mi hija Sara Natasha Berger-Berman)

En la fiesta
cuando celebramos tus trece años
te espié mientras jugabas
a mujer crecida
con tus amiguitas.

Pensé darte un buen vistazo
que durara por el resto de mi vida
-sabiendo lo que tú no habías descubierto todavía:
Que los años pasan en un cerrar
y un abrir de ojos-
presintiendo que en aquellos preciosos momentos
tú fuiste la frescura
una dicha
el sol y el cielo
y la suave brisa.

LOST LOVE REVISITED

Long ago I dreamed the girl
I left
Said the loss she felt
Was more than she could bear.

The years have passed.
The Earth has made its rounds-
The rippling winds, the tides
Have come and gone a million times.
How far the sky has stretched?
How tall the forest grew
While we but shook our heads
In lives that never met again?
How lonely was the walk along the beach
How starved our separate souls for peace
. . .I cannot think.
But now the girl returns to haunt my dream
And -instead of waking at the end
The way it was before she closed her eyes to me-
I sleep on and on
And hope
-Deep inside that silent dream of loss-
To never wake again.

(Lake Oswego, Oregon, USA, 1990)

*SEGUNDA VISITA DEL AMOR PERDIDO

Hace mucho soñé con la niña que dejé:
Dijo que una pérdida tan profunda
No la podría tolerar.

Los años han pasado.
La Tierra hizo ya sus rondas-
Los vientos agitados, las mareas
Vinieron y se fueron un millón de veces.
¿Cuán lejos se extendió el cielo?
¿Qué tanto creció el bosque
Mientras que nos negamos
En vidas que no volvieron a encontrarse?
Cuán solitaria fue la caminada por la playa...
Cuán hambrientas por paz nuestras almas separadas
.... Ni pensarlo puedo.
Pero ahora la niña retorna a perturbar mi sueño
Y -en vez de despertar cuando termina
Como fue antes de cerrar sus ojos para conmigo
Yo sigo y sigo durmiendo
Y añoro
-En la profundidad de aquel sueño de lo perdido-
Jamás despertar de nuevo.

LITTLE SARA

Here in my study
Concentrated
Alone, I write:
    Hand in hand you and I walk together toward
                    your school.
The sound of a motor interrupts.
Down there beyond the garden
I see a ship moving
Up river with its heavy load.
I continue writing:
    You only reached up to my waist and used to call
                    me Papa.
I watch the river again
That unscalable mountain in the horizon
And the sea of pines swayed by the wind
Between here and there.
The ship is coming nearer.
    Were your eyes blue or green?
    Is it possible I could forget the color of your eyes?
    Now I remember: they were hazel.
I go out to the balcony.
The ship is about to pass by the house.
The Captain sees me in the distance
And he raises his arm to greet me.
Every Tuesday he goes up or down
By this isolated stretch of the river
Where I live in my forest of memories.
For weeks now we've been waiving at each other.
But if I'd see him drinking beer
At the town's tavern
I would not recognize him.
Faces can not be well discerned at a distance.

*SARITA

Aquí en mi estudio
Concentrado
Solo, escribo:
    Cogidos de la mano, tú y yo, caminamos hacia tu
                                escuela.
El sonido de un motor interrumpe.
Allá abajo detrás del jardín
Veo un barco subiendo
Por el río con su pesada carga.
Sigo escribiendo:
    Tú apenas me llegabas a la cintura y me llamabas
                                  Papá.
Atisbo el río de nuevo...
Aquella montaña inescalable en el horizonte
Y el mar de pinos mecidos por el viento entre aquí y allá.
El barco ya se acerca.
    ¿Eran tus ojos azules o verdes?
    ¿Cómo es posible que se me olvide el color de tus ojos?
    Ahora recuerdo: eran castaños.
Salgo al balcón.
El barco ya está por pasar frente a la casa.
El capitán me ve en la distancia
Y levanta el brazo para saludarme.
Todos los martes sube o baja
Por este trecho aislado del río
Donde vivo en mi bosque de recuerdos.
Desde hace algunas semanas nos venimos saludando.
Ya nos conocemos
Pero si nos viéramos tomando una cerveza
En la taberna del pueblo
No nos reconoceríamos.
A la distancia no se ven bien las caras.

Remember the picture I took
In front of the flowering tree?
I aked you to remain quiet
While I adjusted the camera
To allow myself ten seconds to get into the picture
Huddled next to you.
I still have the photo with me.
How strange! My hair was not grey as it is now.
Already the ship is moving away up the river.
The Captain cautiously searches for the rocks he must elude.
Sometimes the river is dangerous.
I wonder if he has a family?
Perhaps he has a daughter with red hair and hazel eyes.
Yes, here we are together in the photo:
Your head leans against my shoulder
And your little arm is around my neck.
There's a smile on our faces:
Half happy and half sad
-As if we both knew
It was almost time to say good-bye.
Already the ship is lost in the horizon.

(Lake Oswego, Oregon, USA, 1991)

¿Recuerdas la foto que tomé
Frente al árbol florido?
Te dije que te estuvieras quietecita
Mientras yo ajustaba la cámara
Que me daba diez segundos para meterme en la vista
Acurrucado junto a tí.
Aquí tengo la foto todavía.
¡Qué extraño! Mi pelo no era gris como es ahora.
Ya el barco se remonta por el río.
El capitán mira precavido a las rocas que debe eludir.
A veces el río es peligroso.
Me pregunto si él tiene una familia.
¿Tendrá tal vez una hija de pelo rojo y ojos castaños?
Sí, aquí estamos juntos en la foto:
Tu cabecita recostada contra mi hombro
Y tu bracito alrededor de mi cuello
Con una sonrisa en nuestras caras
Medio alegre y medio triste
—Como si ambos supiéramos
Que ya era casi el tiempo de la despedida.
Ya el barco se perdió a lo lejos.

OREGOS

Los nativos lo llamaban El Ayudante
porque cuidaba a los enfermos
trabajaba sin que se lo pidieran
velaba por los niños
abría senderos
pescaba a la luz de la luna mientras los otros dormían
cargaba los ancianos a cuestas.

Cuando Oregos murió se convirtió
en El Gran Espíritu del Norte de California
y los Dioses no supieron qué hacer con él.

Al fin de pensar juntos y por separado
lo llamaron para decirle:
Puedes ser lo que quieras, Oregos-
puedes ser río
montaña
desierto
cielo
 o mar.
Puedes ser pez
ave
tigre
buho
o cualquier animal.
Si quieres
puedes ser árbol de madera roja.
Escoge lo que quieras ser.
De todos modos siempre estarás con nosotros.

*OREGOS

The natives called him The Helper
because he cared for the sick
worked without being asked
watched over the children
opened trails
fished by moonlight while others slept
carried the elderly on his back.

When Oregos died he became
The Great Spirit of Northern California
and the Gods didn't know what to do with him.

After thinking together and separately
they called to tell him:
You can be whatever you want, Oregos-
you can be river
mountain
desert
sky
or sea.
You can be fish
bird
tiger
owl
or any animal.
If you want
you can be redwood.
Choose what you want to be.
In any case you'll always be with us.

Oregos, El Gran Espíritu
los escuchó con mucha atención.

Al fin de aquel día escogió ser
el enorme peñasco que cuida
la entrada del río Klamath.

Ahora guía al salmón río arriba
cuando la hoja ancha del arce
se convierte en oro cada otoño.

(Klamath River, California, USA, 1992)

REPORTE DEL FIN DEL MILENIO

(A mi buen amigo, Gregorio Martínez)

Desde el decaimiento del comunismo
Los pobres están más olvidados que antes.

La revolución ya no está de moda:
Ha sido reemplazada por el crimen.

Que se defiendan por sí mismos.
No queremos un estado de beneficencia.
Las multinacionales proveerán empleo
Con su mercado libre
Dicen los acaparadores.

Privatizaron todo el tesoro nacional
Incluyendo a sus madres y hermanas.

Este es el reporte
Del fin del milenio de la barbarie.

(Lake Oswego, Oregon, USA, 1993)

Oregos, The Great Spirit
listened with much attention.

At the end of that day he chose to be
the enormous rock that watches
the entrance to the Klamath river.

He now guides the salmon upstream
when the broadleafed maple
turns into gold each autumn.

*REPORT AT THE END OF THE MILLENNIUM

(For my good friend, Gregorio Martínez)

Since the decline of communism
The poor are more forgotten than before.

Revolution is no longer in vogue:
It has been substituted by crime.

>   Let them care for themselves.
>   We don't want a welfare state.
>   The multinationals will provide jobs
>   With their free enterprise
>   Say the monopolizers.

They privatized all the national treasure
Including their mothers and sisters.

This is the report
At the end of the barbarous millennium.

¡YA CASI ES MIO EL OCASO!

Ya la soberbia yergue sus alas por las torres del palacio.
Un horizonte en llamas se extiende hacia el infinito.
El ciego con su guitarra invoca la música del presagio.
Y yo en la cumbre pienso: ¡Ya casi es mío el ocaso!

Ya el lamento se apaga en sangre estancada.
Campanas bostezan el toque de un silencio cósmico.
Reina una calma ancestral en el lago del olvido.
Y yo desde el desierto suspiro: ¡Ya casi es mío el ocaso!

Ya en su cueva se revuelcan el tigre y el leopardo.
Un corcel indomable relincha junto a la carroza.
El coro de niños arrulla con flores el espacio.
Y yo desde los bosques pronuncio: ¡Ya casi es mío el ocaso!

Ya el arco iris y la noche abrazados conspiran.
Cornetas anuncian el principio de la borrasca.
Despliéganse banderas negras. La gran marcha comienza.
Y yo desde la ciénaga digo: ¡Ya casi es mío el ocaso!

Ya un poder de sombras se extiende por la pradera.
Un eco de pasos se oye en la lontananza.
El aposento está yerto.
Y yo desde la tierra proclamo: ¡Ya casi es mío el ocaso!

Ya todo está disuelto en el mar opal de la luna.
La luciérnaga abre sus alas y desaparece en la penumbra.
El mundo duerme.
Y yo desde la quietud exclamo: ¡Ya casi es mío el ocaso!

*THE TWILIGHT IS ALMOST MINE

Already indifference spreads its wings by the towers
                                        of the palace.
A horizon in flames stretches toward infinity.
The blind man with his guitar invokes the music of
                                            presage.
And I on the hilltop think: The twilight is almost mine!

Already the lament is quenched in stagnant blood.
Bells yawn the tolling of a cosmic silence.
An ancestral calm reigns across the lake of oblivion.
And I from the desert whisper: The twilight is almost mine!

Already the tiger and the leopard wrestle in
                                        their cave.
An untamed stallion neighs by the carriage.
The children's choir lulls with flowers all the firmament.
And I from the forest utter: The twilight is almost mine!

Already embracing the rainbow and the night conspire.
Clarions announce the beginning of the tempest.
Black flags unfurl. The great march begins.
And I from the marshes say: The twilight is almost mine!

Already a power of shadows extends over the prairie.
The echo of footsteps is heard in the distance.
The corridors are motionless.
And I from the earth exclaim: The twilight is almost mine!

Already everything dissolves in the opal sea of the moon.
The firefly opens its wings and disappears in the penumbra.
The world sleeps.
And I from the stillness exclaim: The twilight is almost mine!

Ya en el cráneo no cabe el sueño nostálgico.
El escorpión y la tarántula se disputan el nido.
Nada se agita.
Y yo desde el polvo grito: ¡Ya casi es mío el ocaso!

Ya los mil rayos parten el universo.
Ya el vendaval de siglos se desata en el firmamento.
Ni un sólo ángel escucha. Los mundos se están cerrando.
Y yo desde el vacío bramo: ¡Ya casi es mío el ocaso!

(Lake Oswego, Oregon, USA, 1990)

Already the nostalgic dream does not fit into the skull.
The scorpion and the tarantula dispute over the nest.
Nothing stirs.
And I from the dust scream: The twilight is almost mine!

Already the thousand lightnings split up the universe.
Already the hurricane of centuries is unleashed in the
                                                    horizon.
Not a single angel is listening. The worlds are slowly closing.
And I from the void roar: The twilight is almost mine!

THE RIVER IN WINTER

I go out canoeing to see the river
in the valley that narrows
before the mountain range begins.
There are immense regions
where I see nothing but forests.
From time to time a small house peeks out to the river.
I strain my eyes to see someone
but now in winter few people live here.

In the distance a cabin is approaching
with its smoking chimney.
I move slower.
A man raises a rifle far away.
I return his greeting. Must be a hunter.
A dead deer hangs by its feet from a tree in his garden.
Further upstream, a woodsman, cutting down a tree,
stops his work and looks at me.
I wave my oar but he doesn't answer.
There are no more houses until the river turns by a hill.
Out there, by a furrow on the earth, a farmer
interrupts his labor and lifts a shovel to greet me.
We wave, without speaking, hello and goodbye.
In the evening a fisherman near my canoe looks up.
I yell a question but he doesn't hear me.
It doesn't matter.
I find a peaceful meadow to pitch my tent and sleep.

In the morning I paddle on upstream through hours
                            of solitude.
Two children play on the only bridge around here.
I ring a little bell I carry on board and they laugh.

*EL RIO INVERNAL

Salgo en mi canoa a recorrer el río
en el valle que se va estrechando
hasta donde comienza la cordillera.
Hay inmensas regiones
donde no veo más que bosques.
De vez en cuando una casita blanca se asoma al río.
Fuerzo los ojos para ver a alguien
Pero ahora en el invierno poca gente vive por aquí.

Allá en la lontananza se va acercando una cabaña
con su chimenea humeante.
Me muevo con menos prisa.
Un hombre levanta una escopeta a lo lejos.
Le devuelvo el saludo. Debe ser un cazador.
Del árbol de su jardín cuelga un ciervo de las patas.
Aguas arriba un leñador
cesa su trabajo cortando un árbol y me mira.
Ondeo mi remo pero no me contesta.
No hay más casas hasta que el río voltea por un morro.
Allá, por un zurco de la tierra, un labrador
interrumpe su labor y levanta una pala para saludarme.
Nos decimos, sin hablar, hola y adiós.
Al atardecer, un pescador cerca a mi canoa me vé.
Le grito una pregunta pero no me oye.
No importa.
Encuentro una amena pradera y planto mi tolda para
                                        dormir.

Por la mañana navego río arriba en horas de soledad.
Dos niños juegan en el único puente por estos lugares.
Toco una campanita que llevó a bordo y se ríen.

Almost at the base of the mountain
where the river turns foamy and rebellious,
a washerwoman waves at me a red handkerchief
from the window of the last house in the valley.

Here, the river is impassable and I must return.

In two days of canoeing I found
a hunter,
a woodsman,
a farmer,
a fisherman,
two children
and a washerwoman.

I wonder if they'll remember
the brief moment of life we shared.

(Lake Oswego, Oregon, USA, 1988)

Ya casi en la base de la cordillera
donde el río baja espumoso y rebelde,
desde la ventana de la última casita del valle,
una lavandera me ondea un pañuelo rojo.

Aquí, el río es impasable y tengo que regresar.

En dos días de viaje encontré
un cazador,
un leñador,
un labrador,
un pescador,
dos niños y una lavandera.

Me pregunto si se acordarán
del breve momento de vida que compartimos.

IN MULE CREEK CANYON

Alone
Among the heights
     Like the condor watching in silence over his empire
Near the abyss
From my wary nest at the edge
Inaccessible
I search the horizon:
The sun is already falling on the other side of the world
And here in Mule Creek Canyon I am left in the penumbra.

Out there
In the very far distance
     -Where some cataclysm
     Exploded a million years ago
     Dragging down the mountain ranges
     Turning the cosmos upside down in spasmodic
                   convulsions
     Opening the enormous slice of the centuries
     Polished by glacial hurricanes-
By the sovereign crevice penetrates the last light of day
     Subtle and tenebrous
     Already foreboding the night
     Whit its muted voice of moon and stars.

From the depth of the abyss
     Dark and petrified
     Assaulting cliffs
     -Sovereign sentinels of the desert-
I hear the perpetual murmur of the river
Demolishing stones and unwary trees
As they tumble into precipices already submerged in the
                        dark.

*EN EL CAÑON DE LA QUEBRADA DE LAS MULAS

Solo
Entre las cumbres
    Como cóndor que vigila su imperio
    En la falda del abismo
Desde mi nido cauteloso en el borde
Inaccesible
Escruto el horizonte:
El sol ya está cayendo al otro lado del mundo
Y aquí en el Cañón de la Quebrada de las Mulas
Me voy quedando en la penumbra.

Allá
A lo muy lejos
    –Por donde algún cataclismo
    Estalló hace un millón de años
    Arrastrando cordilleras
    Invirtiendo el cosmos en sacudidas espasmódicas
    Abriendo la tajada enorme de los siglos
    Pulida por los vientos glaciales–
Por la hendedura soberana penetra la última luz del día
    Sutil y tenebrosa
    Presagiando ya la noche
    Con su voz muda de luna y estrellas.

Desde el fondo del abismo
    Oscuro y yerto
    Acometiendo peñascos
    –Centinelas soberanos del desierto–
Oigo el murmullo perenne del río
Arrastrando piedras y árboles incautos
Que no supieron defenderse
al volcarse a precipicios ya sumidos en la noche.

Amazed
Perplexed
I know the river resounded like this
Even when the world was young.
     Its powerful waters come from a brook
     In the remote forest where a child plays
     By its shores with a small paper canoe:
     Innocent
     Wrapped up in thoughts
     Unaware that those placid waters
     -Happy swaying of his toy-
     Will some day soon
     Crush in foamy swells
     Against Earth's wrathful gods.

I strain to see in the darkness
But I can no longer discern my own hand
     -Only its shadow contrasted with the sky.
Even the immense gaping hole in the horizon
     -The one that splits the world in half-
Remains hidden in the nocturnal cave.

Suspended under the eternal vault
In the majestic temple of this night
I submerge myself in the calm forgetfulness of sleep.

But the river will follow its inexorable course
And perhaps tomorrow
It will reach the sea.

              (Rogue River, Oregon, USA, 1982)

Asombrado
Perplejo
Sé que el río retumbó así
Cuando el mundo aún era joven.

Sus aguas poderosas vienen de un manantial
Del lejano bosque donde un niño juega
en su ribera con un barquito de cartón:
     Inocente
     Ensimismado
     Sin saber que aquellas aguas mansas
     –Vaivén alegre de su juguete–
     Irán un día no muy lejano
     A estrellarse espumosas
     Contra dioses iracundos de la Tierra.

Me esfuerzo para ver en las tinieblas
Y ya ni mi propia mano resalta en la espesura
     –Sólo su sombra contrastada con el cielo.
Aun el hueco inmenso en el horizonte
     –El que parte al mundo por la mitad–
Está escondido en la nocturnal caverna.

Suspendido bajo la bóveda eterna
Del templo majestuoso de la noche
Me sumerjo en la calma del olvido de un sueño.

Pero el río seguirá su curso inexorable
Y tal vez mañana
Llegará hasta el mar.

BLADES OF GRASS

There are those who say
that modern science has not caught up
with the occult arts of certain Gypsies
nor the cabalistic notions
handed down from antiquity
as revelations to old Jews
-both proclaiming that not a single
blade of grass
rises from the Earth
unblessed by the loving hand
of a divine being.

And there are those who believe
our fate is as random
as the burning of those faded
blades of grass
on the mountain slope
when the jagged edge of lightning
strikes haphazardly upon the Earth
before the great storm is unleashed.

(Budapest, Hungary, 1981)

¿QUE ES POESIA?

Poesía es del poeta la sangre que gime fluyendo
de una herida muy profunda en su alma que sigue doliendo.

(Portland, Oregon, USA, 1981)

*HOJAS DE YERBA

Hay unos que dicen que la ciencia moderna
no ha logrado superar
las artes ocultas de ciertos gitanos
o los conocimientos cabalísticos
transmitidos desde la antigüedad
como revelaciones a judíos ancianos
–ambos proclamando que ni la hoja
de una sóla yerba
crece de la Tierra
sin ser bendecida por la mano amorosa
de un ser divino.

Y hay otros que creen
que nuestro destino
está tan a la deriva
como la quema de aquellas
hojas marchitas de yerba
en la ladera de la montaña
cuando el filo hiriente del relámpago
hostiga la Tierra al azar
antes de desatarse la gran tormenta.

*WHAT IS POETRY?

Poetry is of the poet the blood that flows wailing
from a very deep wound in his soul that keeps hurting.

EN EL REGAZO DEL PATRIARCA

Sobre las nubes, solos, dominando el firmamento,
Los Tres Patriarcas de Sión desplazan su portento.

Uno es ceñudo y mira severo.
El otro, monstruoso, tiene joroba.
Y el tercero –el más alto– se agacha sonriendo.
Por sus cuerpos de rocas agudas
se desprenden peñascos
rebotando al abismo.
El rodar de las piedras,
su deslice fatal,
se oye a lo lejos
como un rumor continuo
entre silencio y silencio.

Por la grieta secreta detrás del Bosque de Sión
me escurro entre dos piedras gigantes
a un sendero que sólo yo conozco.
A veces se estremece la Tierra
azuzando las bestias en cuevas de asilo.
Luego –de nuevo, de día o de noche– el silencio.
Y otra vez comienza la muerte segura
del que ataje el último estertor de rocas
en su salto de la cima al precipicio.

A mi lado se desmoronan las torres
mientras me encaramo por la afilada espesura
donde ecos de avalanchas retumban
hasta llegar al regazo del Patriarca que ríe
allá arriba y me mira gozoso.

*IN THE LAP OF THE PATRIARCH

Above the clouds, alone, dominating with prominence
The Three Patriarchs of Zion displace their eminence.

One frowns and looks stern.
Another, monstrous, is hunchbacked.
And the third one -the tallest- is bent smiling.
By their flesh of piercing rocks
huge boulders are loosened
rebounding in the abyss.
The rolling of stones
their fatal descent
is heard in the distance
as a continuous rumble
between silence and silence.

By a secretive crevice behind the Forest of Zion
I slip between two stones gigantically wedged
toward a place I alone know.
At times the Earth trembles
Inciting the beasts in their caves of asylum.
Then -again, day or night- there's silence.
And afresh begins the certain death
for those in the way of the latest avalanche
on its plunge from the top to the depths.

By my side, towers crumble
while I climb in this steep wilderness
with echoes of clashes resounding
until I reach the lap of the Patriarch who smiles
laughing up there in the clouds
watching my motions with glee.

Por su profunda melena se deslizan las gotas
cuajadas del rocío que van a su barba
formando el torrente que cae a la escondida laguna.
Allí me desvisto y añoro
por la amante que venga conmigo
en secreto
a bañarnos en aquel lago empinado
en el regazo del Patriarca que espía contento.

Sobre las nubes, solos, dominando el firmamento,
Los Tres Patriarcas de Sión desplazan su portento.

(Zion National Park, Utah, USA, 1990)

By his dense mane water drops slide
curdled with dew that flows toward his beard
forming the torrent that falls into a hidden lagoon.
There I undress and I ponder and wish
for my lover to join me
in secret
to swim in that steep watershed
in the lap of the Patriarch who spies with joy.

Above the clouds, alone, dominating with prominence
The Three Patriarchs of Zion displace their eminence.

THE LAST 10 MINUTES
IN THE LIFE OF THE TILLER

In the evening of the tiller's one hundredth birthday
Death touched him on the shoulder:
    I came for you.
    You have ten more minutes to live.
The tiller turned to look at Death with a confident smile:
    I have been waiting for you.
The tiller dug a hole in the earth and planted his last seed.
He drank from the cup of his hands in the creek
    with a thirst akin to the kisses of his youth.
Then he sat by the shade of an enormous oak tree
    and looked up toward the top of the lofty mountain
    where the sun was beginning to hide.
The shadows lengthened.
He closed his eyes
    and as his life slithered away through the branches,
    in search of a bit of sky,
    he saw the tigers of a strange forest:
    huge pups of vivid colors,
    jumping as they played,
    untamed and clumsy,
    untiring.
For an instant he wished to join them
    and play once more.
But he gave up
    and surrendered
    to the dream that already engulfed him.

(Portland, Oregon, USA, 1981)

*LOS ULTIMOS 10 MINUTOS
EN LA VIDA DEL LABRADOR

En el atardecer
del día cuando el labrador cumplió cien años,
la Muerte lo tocó en el hombro:
      Vine por tí, dijo la Muerte.
      Te quedan apenas diez minutos de vida.
El labrador se volvió a mirarlo confiado con una sonrisa:
                Te estaba esperando.
Cavó un hueco en la tierra y plantó su última semilla.
      Tomó sediento de la copa de su mano el agua del
                   manantial,
como si aún estuviera besando a la amada de su juventud.
Luego se sentó a la sombra
del enorme roble que lo vio crecer
y miró hacia la cima de la altiva cordillera
donde el sol ya se sumergía.
Las sombras se alargaron.
Así fue como cerró los ojos
y a medida que su vida se escurría entre la enramada,
buscando un pedacito de cielo,
vio al fin los tigres de un bosque que jamás había visto:
enormes cachorros de vivos colores
que saltaban juguetones y agresivos,
torpes e indómitos, incansables.
Por un instante quiso unirse a ellos
–levantando una mano como para tocarlos–
y jugar una vez más.
Pero optó por rendirse
y se entregó sonriendo
al sueño que ya lo engolfaba.

THE PATH

I continue searching
Along the ample road
Where I stroll in comfort
For an abandoned trail
I might scale
Onto the narrow and steep path
That will take me
To any hilltop.

(Portland, Oregon, USA, 1982)

IN TOUCH

I have suffered.
That is cause for rejoicing.
For how else can we be
In touch with those we love?

(Portland, Oregon, USA, 1989)

*EL SENDERO

Continúo buscando
En el amplio camino
Donde cómodo paseo
Por algún sendero abandonado
Que pueda escalar
Hacia la estrecha y pendiente trocha
Que me lleve
Hasta cualquier cumbre.

*EN CONTACTO

He sufrido.
Eso es causa de regocijo.
Porque de qué otro modo podemos
Estar en contacto con los que amamos?

SECOND PART = SEGUNDA PARTE

1945 - 1975

A mi hermano y amigo
To my brother and friend
Roberto Iván Berger Kiss

BOSQUEJO DE LA VIDA FUGAZ

(Al poeta Mario Rivero, "mordisco al aire", amigo de
mi juventud)

Al amanecer los ríos corrían
hirviendo
sedientos
implacables por nuestras venas.
En nuestro pecho se abrazaban
espuma de mar
hielo de páramo
fuego de selva.
Y los corazones forjaban
destinos gigantes
mundos inmensos
      —sin gritar
      sin gemir:
            con una mera chispa en los ojos
            y una sonrisa segura en los labios.
                  Por lo menos así parecía.

Pero poco a poco
las hojas verdes se secaron
      acariciadas por la brisa
      víctimas del vendaval
            y cayeron
                  cayeron
                        cayeron
            y se amontonaron.

*SKETCH OF THE BRIEF LIFE

(To the poet Mario Rivero, "a bite in the air," friend of
my youth)

At dawn the rivers ran
boiling
thirsty
implacable in our veins.
Sea foam
sierra snow
jungle fire
embraced in our breast.
And the hearts forged
gigantic destinies
immense worlds
  -without screaming,
  without a moan:
    with a mere sparkle in the eyes
    and a smile of assurance on the lips.
     At least so it seemed.

But little by little
the green leaves dried out
  caressed by the breeze
  victims of the gale
    and fell
     fell
      fell
    and piled up.

Supimos escuchar el bramido de las olas
          y a veces nos conmovió su angustia.
                    ¡Pero no fue nuestro el día!
y las estrellas
entre los dedos se nos escaparon hacia la eternidad!
          ¡Desgraciados!
          ¡Perdidos!
          ¿Por dónde andamos?
          ¿Y en qué siglo viajamos?
                    ¡Ya no es hora para amar!

Fuimos racimo de uvas hebrias
locura de leche pérfida
una boca sedienta
y un carnaval de flores que el viento
transformó en arena.
Fuimos sangre
          rocío del ojo
          un frenesí de víbora que se arrastró herida
          hacia el abismo
          y a veces una risa de niño cuyos ecos
          son la blasfemia del anciano.

¡Qué sé yo! ¿Y acaso importa?

Tal vez sólo fuimos un retazo de la ruina:
un pedazo de musgo repartido al azar
          en ternuras   odios   frases
                    pan.

                              (Envigado, Colombia, 1975)

We knew how to listen to the waves' roar
and at times their anguish moved us.
But the day was not ours!
And the stars
escaped through our fingers toward eternity.
Wretches!
Lost ones!
Where are we going?
And in which century are we traveling?
It is no longer the hour of love!

We were a cluster of drunken grapes
madness of treacherous milk
a craving mouth
and a carnival of flowers
transformed by wind into sand.
We were blood
eye dew
a wounded viper's frenzy
crawling toward the abyss
and sometimes a child's laughter whose echoes
are the blasphemy of the aged.

How should I know! And does it matter?

Perhaps we were only a fragment of the ruin:
a piece of moss haphazardly dealt out
in endearments   hatreds   phrases
bread.

ATARDECER EN EL RIO MAGDALENA

En el horizonte
–por encima de las aguas–
se abrió un universo rojo
como si las últimas gotas sofocantes
del sol que apenas se ocultaba
fueran de sangre que se derramaba
sobre el verdor selvático.

Y el cielo
–inmenso y transparente–
como una pálida bóveda púrpura
comenzó a estrellarse.

El río Magdalena
–con todos sus sonidos indómitos–
fluía cercana
así como en los tiempos
de la tierna infancia de América.

(Tamalameque, Colombia, 1975)

*EVENING ON THE MAGDALENA RIVER

On the horizon
-above the waters-
a reddish universe opened
as if the last suffocating drops
of the barely hidden sun
were of blood spilling
upon the viridescent jungle.

And the sky
-immense and transparent-
like a pale purple vault
began to fill with stars.

The Magdalena river
-with all its wild sounds-
slid nearby
as it did in the times
of the tender youth of America.

COUSINS

Here we are, four small cousins:
Hánzi and Pali and Ernö and me
tugging at my mother's skirt
on a clear day at the Scheveningen beach
before the war.
Grandpa Jakob was happy taking the picture.

He had taken us to a Gypsy's tent
on the promenade near the sand
to have our fortunes told.
A fat lady decorated from head to foot,
trinkets and veils dangling all over her,
came through a yellow curtain
and sat on a big green pillow
before she looked at each boy's palms.
The Gypsy predicted a long life when Ernö and I
reluctantly showed our hands.
But her eyes froze and her words stumbled
when Hánzi and Pali showed theirs.
"The lifelines go into nothing," she whispered.
Then she tried to force a better destiny by saying,
"If you take good care you'll also live long and happy lives."

Out again on the boardwalk, Grandpa Jakob,
intent on repairing the words of the Gypsy,
put on his skullcap and said a prayer.
"I don't need to look at my grandchildren's palms
to know their futures," he said later,
trying to undo the Gypsy's hellish premonition,
determined to change the fortunes of the two boys
whose lifelines were cut off.

*PRIMOS

Aquí estamos, los cuatro primitos:
Hánzi y Pali y Ernö y yo
agarrados de la falda de mi madre
en un día claro en la playa Scheveningen
antes de la guerra.
Abuelo Jacobo estuvo feliz tomando la foto.

Nos había llevado a la tolda de la gitana
por la alameda cerca de la arena
para que nos predijera nuestro destino.
Una señora gorda, decorada de pies a cabeza,
baratijas y velos colgando de toda ella,
apareció a través de una cortina amarilla
y se sentó sobre una gran almohada verde
antes de verle la palma de la mano a cada uno.
La gitana predijo largas vidas cuando Ernö y yo
le enseñamos nuestras manos renuentes.
Pero sus ojos se helaron y sus palabras se trabaron
cuando Hánzi y Pali mostraron las suyas.
"Las líneas de la vida van hacia la nada", susurró.
Trató luego de forzar un destino mejor y dijo:
"Si se cuidan también vivirán largas y felices vidas".

Ya una vez de nuevo en la alameda, el abuelo Jacobo,
resuelto a reparar las palabras de la gitana,
se puso el gorro de oraciones y rezó.
"No necesito verle las palmas de las manos a mis nietos
para saber su futuro", dijo después,
tratando de deshacer la premonición infernal de la gitana,
empeñado en cambiar los destinos de los dos muchachos
cuyas líneas de vida estaban truncadas.

"No spell will be cast upon your lives:
The oldest of you, Hánzi, will be a great actor.
You, Pali -because of your loving nature-
are destined to save the lives of the sick,
maybe discover the cure for a strange disease.
Ernö: you will be a famous attorney
defending the rights of the poor.
And you, Bandikám, youngest of my grandchildren,
have a writer -perhaps even a poet- inside you."
Jakob smiled when for a reassuring moment,
a panoramic view of his own existence
merging into the lives of his grandchildren
unfolded before him toward a wholesome future.
"Now, let me take your picture so we'll have proof of
                                              this day."

Which one of the two fortunetellers
of that balmy afternoon on Scheveningen
had seen more of the youngsters' fate
was to remain a mystery.

No one bothered to keep score,
but in the blinking of an eye,
just a few years after the happy outing
where their destinies were foretold,
Hánzi and Pali, lovely innocent youths
-cared proudly and blessed each new day,
as warmly as the blazing sun lights up the firmament-
were forced to enter a gray sealed chamber
leading nowhere- like the lifelines in their palms-
in a remote village in southern Poland called Oswiecim
-known also with a shudder of terror, as Auschwitz-
by uniformed guards

"Ningún hechizo moldeará vuestras vidas:
Tú, Hánzi, el mayor, serás un gran actor.
Tú, Pali –por tener una alma piadosa–
estás destinado a salvarle la vida a enfermos,
quizás descubrirás cómo curar alguna extraña dolencia.
Ernö: tú serás un famoso abogado
que defenderá los derechos de los pobres.
Y tú, Bandikám, el más pequeño de mis nietos,
llevas por dentro a un escritor– tal vez a un poeta".
Jacobo se sonrió, cuando por un momento tranquilizante,
la vista panorámica de su propia existencia
mergiéndose con las vidas de sus nietos
se desplegó frente a él hacia un futuro seguro.
"Bueno, dejen que tome esta foto para que quede
                              constancia de este día".

Cuál de los dos adivinos
en aquella balsámica tarde en Scheveningen
conoció mejor el destino de los niños
sería algo que permanecería en el misterio.
Nadie se preocupó por llevar la cuenta
pero en lo que se demora el ojo para espabilar,
apenas unos años después del paseo feliz
donde los destinos fueron predichos,
Hánzi y Pali, preciosas criaturas inocentes
–cuidados con orgullo y bendecidos cada nuevo día,
con el mismo calor del sol que alumbra el firmamento–
fueron forzados a entrar a una celda cerrada y gris
que iba hacia la nada– como las líneas de sus vidas–
en un pueblo remoto del sur de Polonia llamado Oswiecim
–conocido también con un estremecimiento de pavor por
el nombre de Auschwitz-
por guardias uniformados

in the midst of a great sea of moans around them
and were gassed and turned into smoke
with the latest product of technological achievement,
a lethal substance called Zyklon B,
until death set them free.

Their last consolation
while they took deep breaths
was to die together.

Grandpa Jakob died peacefully in bed before
                                    the invasion.
My mother, died an old woman with her memories .
Ernö is a prominent attorney in Holland.
And I think about my little cousins from time to time.

                            (The Hague, Holland, 1975)

en medio del gran mar de gemidos a su alrededor
para ser asfixiados con gas y transformados en humo
con el producto más reciente del progreso tecnológico,
una substancia letal llamada zyklon B,
hasta que la muerte los liberó.

Su último consuelo
mientras aspiraron aire desesperados
fue morir juntos.

El abuelo Jacobo murió en la paz de su cama antes de la
                                                    invasión.
Mi madre, ya anciana, se murió con los recuerdos.
Ernö es un reconocido abogado en Holanda.
Y yo pienso en mis primitos de vez en cuando.

¡ANDA, ELENA ELENITA!

¡Ay, Elena Elenita,
aquí estoy dejando impresos en tu cuerpo
adorable
los rastros de mi amor!

Nunca me engañaste, Elena Elenita,
al cubrir tus ojos
con el lienzo blanco de tus párpados,
pretendiendo así quedar sumida en tu mundo
cálido y privado.

Yo sé que siempre dejas, Elena Elenita,
apenas una oculta rajadurita
velada por tus lánguidas pestañas
por donde me atisbas golosa
en secreto
mientras te amo.

Sí,
Siempre lo supe, Elena Elenita:
me espías desde tu sueño juguetón
de niña pecadora y gozosa.

*GO ON, HELEN LITTLE HELEN!

Oh, Helen little Helen,
here I'm leaving imprinted
on your adorable flesh
the traces of my love!

You never deceived me, Helen little Helen,
covering your eyes
with the white linen of you eyelids,
pretending to be immersed in your
warm and private world.

I always know you leave, Helen little Helen,
just a small and hidden slit
veiled by your languishing eyelashes
from where you watch me
in secret
while I love you.

Yes,
I always knew it, Helen little Helen:
you spy me from your playful girl's dream
of sin and joy.

Por eso cada vez que nos queremos
dejo el rastro de mis labios
clandestinos
por todos los contornos de tu cuerpo
—porque sé que te gusta guapa—
y quiero festejar tus ojos negros
que me piden sin decirlo
y me incitan extasiados
a colmarte con locuras
desde el otro lado de las sombras
donde aún ocultas tu pudor.

¡Anda entonces, Elena Elenita,
gocemos ahora mismo muchachita,
que la carne se nos quema en esta llamarada,
que en este tierno abrazo
se nos fue la vida ya!

(Portland, Oregon, USA, 1975)

That is why each time we make love
I leave the traces of my lips
clandestine
throughout the contours of your body
-because I know you like it, beautiful-
and I want to feast your dark eyes
that beg me without saying
and incite me enraptured
to fulfill you with my madness
from the other side of the shadows
where you still hide your modesty.

Go on then, Helen little Helen,
let's enjoy ourselves right now, my young girl,
for the flesh is already burning in this sudden blaze,
for in this tender embrace
our life is nearly gone!

SI UN PUEBLO ....

Si un pueblo tuviese los medios par construir
    ciudades opulentas
    vías de comunicaciones que sobrepasasen
        la más rigurosa expectativa
    universidades que instruyesen en todos los ramos
        de la sabiduría
    hospitales con suficientes facilidades
        para curar cualquier plaga
    materiales de guerra que destruyesen
        al más poderoso adversario
    templos majestuosos
    viviendas holgadas para casi todos los ciudadanos

Y sin embargo ese Pueblo
    no expresara sus inquietudes por medio de las letras
    si en su pujante arquitectura no reflejase
        un sentimiento original de su época
    si por medio de la pintura y la escultura no dejase
        impresos sus afanes y conquistas
    si en su presente vanagloria olvidase relatar
        el rastro de su existencia
    si no pudiese en el arte teatral demostrar
        su alegría o su tristeza
    si en su resplandeciente grandeza
        en vez de compasión
        por el que sufre
        lo embotara su soberbia

ese Pueblo
    estaría destinado a legar la mera huella
        patética y corroída
        de lo que fue apenas
        un vanidoso esplendor material
    y con el curso inexorable del tiempo
        serviría sólamente
como prueba irrefutable de superficialidad e ignorancia.

(Bogotá, Colombia,1970)

*IF A PEOPLE. . .

If a People had the means to build
    opulent cities
    highways surpassing the most
        rigorous expectation
    universities instructing in all the branches
        of knowledge
    hospitals with sufficient facilities
        to cure any plague
    war materials to destroy
        the most powerful adversary
    majestic temples
    comfortable dwellings for most citizens

And yet that People
    didn't express its restlessness by means of letters
    if in its pugnacious architecture it didn't reflect
        an original sentiment of its epoch
    if through painting and sculpture it left no imprint
        of its urges and conquests
    if in its vain glory it forgot
        to relate the trace of its existence
    if it didn't portray on the stage
        its happiness or its sadness
    if in its resplendent greatness
        instead of compassion
        for those who suffer
        it was dulled by arrogance

such People
    would be destined to bequeath merely the bare traces
        pathetic and corroded vestiges
        of what was merely
        a vain material splendor
    and with the inevitable course of time
        serve only
    as irrefutable proof of superficiality and ignorance.

COSIACA (O LAS ALPARGATAS VOLADORAS)

Cosiaca le robaba al rico para darle al pobre.
Pero de vez en cuando robaba para darse gusto.
Una vez
En la vieja Antioquia de su juventud,
Un par de alpargatas finísimas lo tentaron
Dejándolo con un antojo espantoso
En el mercado de Medellín.
Después de mucho rondar y pensar, tomó una decisión.
¿"Me las puedo probar"? – le pidió al vendedor.
"Pruebe mijo todo lo que quiera".
Dejó las suyas –viejas y todas malgastadas–
A un lado y se puso las nuevas muy orondo,
Sabiendo que no cargaba ni un chivo falso en el bolsillo.
Le cuadraron como mano en guante de gamuza.
Sin averiguar siquiera el precio, preguntó:
¿"Busté ha visto en su vida alpargatas voladoras"?
¡"No, nunca"! –respondió el hombre asombrado.
Cuentan que por esas andaban cuando Cosiaca de repente
Comenzó a correr falda arriba por la montaña mientras
                                        gritaba:
¡"Pues ya sí bítes alpargatas voladoras"!
Y en menos de lo que el vendedor se demoró en espabilar,
Cosiaca desapareció.
Pirulín, pirulao,
Este cuento ha terminao.

(Medellín, Colombia, 1959)

*COSIACA (or THE FLYING SANDALS)

Cosiaca stole from the rich to give to the poor.
But once in while he robbed to please himself.
Once upon a time
In the old Antioquia of his youth,
A pair of extra fine sandals tempted him
Arousing his most horrendous craving
At the market place in Medellín.
After going around and around, thinking, he made a
        decision.
"Can I try them on?" he asked the vendor.
"Try m'boy everything you want."
He left his -old and very worn-
Out of the way and put on the new ones very self-satisfied,
Knowing he didn't carry even a counterfeit penny in
        his pocket.
They fit him like a hand in a suede glove.
Without even finding out the price, he asked:
"Have you ever in your life seen flying sandals?"
"No, never!" the astounded man answered.
It is told that they were just at this juncture when
        Cosiaca

Ran suddenly uphill while he shouted:
"Now you've seen for sure flying sandals!"
And in less than it took the vendor to blink
Cosiaca disappeared.
Pirulin, pirulon,
This story's done.

GERUNDIO 2.

"Persona que habla o escribe en estilo
hinchado, afectando inoportunamente erudición
e ingenio. Dícese más especialmente de los
predicadores y de los escritores de materias
religiosas o eclesiásticas".

Diccionario de la lengua española
Real Academia Española.

Gerundio:
Apenas ayer llegué a conocerte
en tu segundo significado.
A duras penas aprendí el primero
de boca del temido maestro
don Juan de Dios Ríos ("Rellena")
–el que le mentaba la madre
a los estudiantes del Liceo Antioqueño
cuando (por décima vez) no comprendíamos
las inverosímiles maromas gramaticales
del *Castellano de Andrés Bello.*

Pensar que después de tantos años de oír
pomposidades absurdas vestidas de carmesí
–frases engatusadoras que amedrentan
en el nombre de Dios–
aventadas al aire desde púlpitos
inapelables–
tú estabas allí escondido en el diccionario
siempre disponible para desenmascarar
a sus autores.

Ahora que conozco tu segundo significado
–el que no me enseñó don Juan–
creo que por estas laderas
tendré ocasión de usarte con frecuencia.
(Medellín, Colombia, 1959)

*GERUNDIO 2.

"Person who speaks or writes in a pompous
style, affecting untimely erudition and wit.
It is said especially of preachers and writers
of religious or ecclesiastic subjects."
> *Dictionary of the Spanish languaje*
> Royal Spanish Academy.

Gerundio:
> Just yesterday I got to know you
> in your second meaning.
> With great difficulty I learned the first one
> from the mouth of the feared teacher
> don Juan de Dios Ríos ("Stuffing")
> -the one who cursed the mothers
> of the Liceo Antioqueño students
> when (for the tenth time) we couldn't comprehend
> the unimaginable grammatical acrobatics
> of Andrés Bello's *Castilian.*
>
> To think that after all these years of hearing
> absurd pomposities dressed in crimson
> -tricksters' phrases that threaten
> in the name of God-
> haphazardly hurled from unappelable
> pulpits-
> you were there hidden in the dictionary
> always available to unmask
> their authors.
>
> Now that I know your second meaning
> -the one don Juan didn't teach me-
> I believe that around these hillsides
> I will have the chance to use you frequently.

PLEGARIA SIN RESPUESTA:
POR EL CORO DE NIÑAS RAMERAS

Virgen de Guadalupe:
Espantadas del sabor de huesos secos que atormenta
nuestras lenguas y del llanto de las hojas moribundas
que rugen en nuestros oídos,
déjanos beber de nuevo
del espejo fresco y escuchar
el sonido de nuestra sangre.

¡Protégenos, oh Virgen del Carmen,
del jabalí y del caimán
que se turnan sonrientes
desgarrando carne viva,
no sea que nuestros cadáveres se coronen de colmillos,
no sea que demos luz a esclavos!

Virgen de la Asunción:
¿Cuándo relinchará
el caballo salvaje del páramo
y abrirá el águila sus alas en la cumbre?
¿Y cuándo descansaremos en la tierra antepasada
con las caras morenas,
con las caras amadas de la juventud?

Virgen de los Desamparados:
Abandonadas estamos en la vorágine de los albañales de
las mil ciudades
y perdimos
—oh, ayúdanos a encontrar—
el olor de mandarinas,
el sabor de fresa
y la muñequita azul que llora y cierra los ojos.

Camina con nosotras, Virgencita de la Soledad,
entre la multitud nocturna,

*UNANSWERED PRAYER:
BY THE CHOIR OF YOUTHFUL HARLOTS

Virgen de Guadalupe:
Daunted by the taste of dry bones tormenting
our tongues and the wailing of dead leaves
roaring in our ears,
let us drink once more
from the fresh mirror and listen
for the sound of our blood.

Protect us, oh *Virgen del Carmen,*
from the jackal and the alligator
who take turns smiling
tearing living flesh
lest our corpses be crowned with teeth,
lest we give birth to slaves!

Virgen de la Asunción:
When will the wild stallion
neigh on the paramo
and the eagle spread her wings on the summit?
And when will we rest in the land of our ancestors
with the dark faces,
the loved faces of youth?

Virgen de los Desamparados:
We are abandoned in the vortex
of the sewers of a thousand cities
and we have lost
-oh, help us find-
the odor of tangerines,
the strawberry taste,
and the little blue doll that cries and closes her eyes.

Walk with us, little *Virgen de la Soledad,*
among the nocturnal multitude

o al final de la calle verde pálida
de la interminable madrugada
donde juegan nuestros hijos a mendigos
con el hambre del mundo dormido en su garganta.

Virgen de la Macarena:
¿Fue la sangre de nuestros hermanos
derramada sobre las arenas
sólo para que hospedáramos las espadas
que rasgaron sus horizontes,
para que miráramos abrumadas
las costras de los lechos eternos?

Limpia nuestra impureza con tus lágrimas,
Virgen de la Dolorosa,
el alma de nuestros vientres pecadores.
Fuimos tentadas por la semilla del conquistador
y merecemos la piedra del hombro
y la mirada oblicua del que da limosnas.

Ya nos comimos la carne de nuestros brazos
y nos tragamos el beso de lengua y la víbora
a cambio del pan nuestro de cada día
para colmar las bocas hambrientas
de los hijos bastardos,
Virgen querida de la Encarnación,
pero te rogamos que no permitas que se conviertan
en esqueletos
antes de la rica cosecha.

Virgen de la Candelaria:
¿Llegará la luz a la ciénaga y podrá el susurro divino
del colibrí
conmover la flor secreta de nuestro pecho
antes de transformarnos en fantasmas
de la ciudad prometida del nuevo día?

¡Ayúdanos, ayúdanos,

or at the end of the pale green street
of the interminable dawn
where our children play as beggars
with the world's hunger sleeping in their throats.

Virgen de la Macarena:
Was the blood of our brothers
spilled upon the sands
only that we may host the swords
that slashed their horizons,
that we may stare dumbly
over the scabs of eternal beds?

Cleanse our impurity with your tears,
Virgen de la Dolorosa,
the soul of our sinful wombs.
We were tempted by the seed of the conqueror
and deserve the stone from the shoulder
and the oblique look of the alms giver.

We have already eaten the flesh of our arms
and have swallowed the kiss of tongue and the snake
in exchange for the daily bread
to fill the bastard children's hungry mouths,
dear *Virgen de la Encarnación,*
but we beg you to spare them from turning
into skeletons
before the rich harvest.

Virgen de la Candelaria:
Will the light reach into the marshes
and will the divine whisper of the humming bird
stir the secret flower within out breast
before we become phantoms
in the promised city of the new day?

Help us, help us,

Virgen del Socorro,
que ya se acercan amenazantes los alcahuetes
para cebarse en las heridas abiertas de nuestras hijas,
las doncellas,
con el puñal y con la saeta,
con el bisturí y con la lanza!

Por una gota de piedad
en nuestros senos mustios,
Virgen del Tequendama,
en nuestra carne de antorcha en llamas.

Y si es tu voluntad,
oh, Virgen del Perpetuo,
danos un mendrugo,
cualquier pedacito del pan infinito en esta soledad
y un techo seguro bajo los cielos de nuestra patria.

"Dios te salve, María, llena eres de gracia...
Bendito sea el fruto de tu vientre..."

Amén.

En la selva impenetrable,
del árbol no cayó
ni una sóla hoja más,
ni una sóla hoja menos.

Y al otro lado del universo,
la estrella magnífica trazó
su gigantesca órbita y rodó
—serena, ineluctable y sorda—
tal como sucedió
hace un millón de años.

(Medellín, Colombia, 1955)

Virgen del Socorro,
for the menacing pimps are closer,
ready to prey on the open wounds of our daughters,
the innocent maidens,
with the dagger and the arrow,
with the scalpel and the spear.

Place a drop of pity
on our withered breasts,
Virgen del Tequendama,
on our flesh of torch in flames.

And if it be your will,
oh, *Virgen del Perpetuo,*
give us a crumb,
any little piece of the infinite bread in this solitude
and a safe roof under the skies of our homeland.

"God save Thee, *María,* full of grace. . . .
blessed be the fruit of Thy womb. . ."

Amen.

In the impenetrable jungle
not a single extra leaf
fell from the tree,
nor a single leaf less.

And on the other side of the universe,
the magnificent star
traced its gigantic orbit and rolled on
-serene, ineluctable and deaf-
just as it happened
a million years ago.

CONJURACION AZTECA

La neblina se levanta con lentitud cuando el Sol temprano
Se remonta sobre mi Cordillera.
Párate en alguna de mis Colinas
Mirando cualquiera de mis Ríos que se precipitan
Por mis Abismos hasta perderse
En la lejanía de mis Valles inmensos
Corriendo constantes entre las bóvedas verdes de mis
                                    Selvas
En su curso inevitable hacia mi Mar.
Si fue aquí donde naciste,
Si es este el lugar donde viviste tu juventud
Si por estas Laderas están enterrados tus Antepasados
      –Los que te dieron la Vida–
Oirás de seguro el suave murmullo del Viento
hablando con los acentos de la Libertad.
¡Y si tu mano tocara nuestra Tierra
El alma que anida en tu pecho sabrá que es tuya!
Si viviste aquí diez mil años
Y ya ni pudieras distinguir tu mano de la tierra que
                                 empuña–
Si hubieras escarbado esta tierra
Con el sudor diario de tu trabajo–
Si hubieras moldeado su barro para honrar a tus Dioses–
Si tu Madre te la hubiera restregado en tus entrañas
Aún antes de tu nacimiento–
Y sin embargo ni tu amor
Ni tu trabajo
Ni tu muerte lograran hacerla tuya–
Entonces ni Cielo
Ni Tiempo
Ni los Dioses
Ni las cien plagas asquerosas cuyas crueldades
y pestilencias han sido tus compañeras–

*AZTEC PLOT

The mist slowly rises when the early Sun
Moves above my Cordillera.
Stand on one of my Hills
Watching any of my Rivers rush
Through my Abysses until they are lost
In the distance of my immense Valleys constantly
Journeying among the green vaults of my Jungles
In their inevitable destiny toward my Sea.
And if here is where you were born,
If this is the place where you lived your youth
If on these Hills your Ancestors are buried-
-The Ones who gave you Life-
You will surely hear the soft murmur of the Wind
Speaking in the accents of Freedom.
And if your hand were to touch our Earth
The soul that dwells in your breast will know It is yours!
If you had lived here ten thousand years
And could no longer tell your hand from the earth it clutches-
If you had scraped the Ground
With your work's daily sweat-
If in your idolatry you had molded its clay to honor your Gods-
If your Mother had rubbed It into your entrails
Even before you were born-
And neither your love
Nor your work
Nor your death could make the Land yours-
Then neither Sky
Nor Time
Nor the Gods
Nor the hundred loathsome plagues whose cruelty
And pestilence have been your daily companions-

Ni siquiera el fuego infernal de los hijos tiranos del
conquistador
Con sus armas ultramodernas de acero
Podrán prevenir que algún Día
Te levantes con tus puños rasgando el Cielo
A reclamar lo que es tuyo y lo que eres–
Y sabrás tan seguramente como siempre supiste que nada existe
En todo el mundo de hermosura igual a lo que ves
Desde las cumbres de tus Cordilleras–
Que no importa cuánto demores
La hora llegará cuando saltes enfurecido
Como el cóndor de tus Montañas para sacarle los ojos
A tus opresores–
O cuando te le acercarás sin ser notado
A la hora menos prevista
Como te lo enseñó la víbora que se arrastra por tus Desiertos
Para envenenarle la sangre a tus atormentadores
Arrebatándoles la Tierra bendita que te pertenece
Recobrando para siempre lo que le robaron a tus abuelos–
Porque la Tierra es de aquellos que la tocan con amor:
Con su aliento y su sudor.

(Ciudad de México, México, 1955)

Not even the infernal fire of the conqueror's tyrannical
Descendants with the ultramodern weapons of steel
Could prevent you from rising some Day
With your clenched fists scraping the Skies
To claim what is yours and what you are-
And you'd know as surely as you sense when you look out
From the top of the Cordillera that there's
No greater beauty in all the World than what you see-
That it doesn't matter how long it will take you
The hour will come when you will leap enraged
Like the condor of your Mountains to take out the eyes
Of your oppressors-
Or when you will come close to them unnoticed
At the most unexpected moment
As it was taught to you by the viper that crawls in your Deserts
To poison the blood of your tormentors
Snatching from them the blessed Earth that belongs
                                    to you
Recovering forever what was stolen from your ancestors
Because the Earth belongs to those who touch It lovingly:
With their breath and their sweat.

EVOLUCION

Desde la oscuridad de las ciénagas de edades sumergidas
Hemos contemplado la luz inalcanzable de constelaciones
Que se hundían en el horizonte mientras surgíamos
Torpes e inseguros de las aguas estancadas, suspendidos
A través de generaciones todavía en la gran penumbra,
Esperando que se ahogaran los siglos, procediendo
Penosamente hacia la luz redentora, antes de que la Tierra
Se convirtiera en una bola de fuego y ni siquiera
Pudiéramos colmar nuestra aspiración de poder vivir
Una vida humana y nos viéramos obligados a encontrar
Refugio en algún otro planeta menos sojuzgado y débil
Y entre una especie más noble y digna que la nuestra.
Pero a lo menos hasta aquí hemos llegado
Y ya no volveremos jamás a arrastrarnos
A través del silencioso fondo del fangal
Para ser de nuevo lo que fuimos antes
De la última vez cuando volvimos nuestros ojos
Hacia la ribera –antes de haber dado aquel primer
Paso hacia la tierra firme que comenzaría a
Diferenciarnos del resto de los animales–
Antes de que nos despertaran nuestros propios
Rugidos regocijados que el tiempo transformó
En voces cuyas primeras frases osaron proclamar
Que habíamos sido creados en la imagen de Dios.

(Cosas raras comenzó a decir el bruto
Acabado de bajarse de un árbol
Dejando de andar en cuatro patas.)

*EVOLUTION

From the darkness of the swamps of submerged ages
We have contemplated the unreachable light of
                                    constellations
That sank in the horizon while we emerged
Awkwardly and uncertain from the stagnant waters,
                                    suspended
Through generations still in the great penumbra,
Waiting for the drowning of centuries, proceeding
Painfully toward the redeeming light, before the Earth
Would become a ball of fire and we would be unable
To fulfill our aspiration to live
A human's life, forced to find
Refuge in some other planet less subjugated and weak
And among a nobler and more deserving species than ours.
But at least we have come to this point in time
And we can never crawl back again
Through the silent bottom of the marshes
To be what we were before
The last time when we turned our eyes
Toward the shore -before we took that first step
Toward firm land that would begin to
Differentiate us from the rest of the animals-
Before we were awakened by our own
Joyous roars which time transformed
Into voices whose first phrases dared
Proclaim that we were created in the image of God.

(Recently descended from a tree
Having just changed from walking on four legs
The brute began saying strange things.)

Pero mientras salimos de la oscuridad
Mientras tropezamos y sacudimos aquel fango
Que todavía llevamos pegado al cuerpo
Habrán manos que nos agarren
Tratando de sumergirnos una vez más.

Habrán manos envidiosas
Arrogantes
Sofocantes
Empedernidas
Enfermas por la sed insaciable del poderío
Que preferirían destruir en un solo golpe devastador
Lo que nos costó millones de siglos para aprender
–Manos resueltas que debemos amputar a toda costa
Antes de que puedan degollar lo que todavía
Podría llegar a ser una buena Humanidad–
Para que todos podamos forjar hacia el futuro
Hacia la luz del sol
Donde tendremos que llegar
Donde esperamos ser limpios
Donde unidos
Y sin rencores
Encontraremos tal vez la sabiduría y la libertad.

(Ciudad de México, México, 1955)

But while we emerge from the darkness
While we stumble and shake off that mud
That still is stuck to our bodies
There will be hands that will hold us down
Trying to submerge us once again.

There will be invidious hands
Arrogant
Suffocating
Stubborn
Sickened by the insatiable thirst for power
Who would prefer to destroy in one devastating blow
What cost us millions of centuries to learn
-Resolute hands we must amputate at all costs
Before they can slaughter what might yet
Become a good Humanity
So that we may all forge toward the future
Toward the sunlight
Where our home is
Where we must arrive
Where we expect to be cleansed
Where united
And without hatred
We shall find perhaps knowledge and freedom.

HIJOS DE DIOS

Aquí
En esta ciudad
Conocerás la pobreza
En los brazos de tu madre.

Mirarás hacia el cielo y verás su faz.
Te cantará una canción en tus oídos:
Tu propia canción sin cuna
Para que la repitas con tus primeras palabras
Enseñadas a tus antepasados hace mucho tiempo.
Habla de Angeles como tú
De la vida que disfrutarás algún día
Mucho después de que el escorpión haya hecho
Su nido en las cuencas de tus ojos.
Habla de un hogar
Celestial y libre de cuidados
O alquiler
O hipoteca.
No será hecho de boñiga
O de latas
Como tu hogar en las colinas de este mundo
Sino de amor
Dulce y eterno
En los Cielos
Donde todo es posible
Donde verás la cara de Dios.
Y vivirás feliz para siempre.

*CHILDREN OF GOD

Here
In this city
You shall know poverty
In your mother's arms.

You shall look up at the sky and see her face.
She will sing a song in your ears:
Your own song without a cradle
For you to repeat with your first words
Taught to your ancestors long ago.
It speaks of angels like yourself
Of the life you will enjoy some day
Long after the scorpion will have made
His nest within the socket of your eye.
It speaks of a home
Celestial and free from care
Or rent
Or mortgage.
It will not be made of manure
Or tin cans
Like your home on the hills of this world
But of sweet
Eternal love
In Heaven
Where all things are possible
Where you will see the face of God.
And you will live happily ever after.

¡Oh, eterno amor!
No te ausentarás
Una vez que la tarántula teja su lúgubre
Morada en nuestra cabellera mustia.

Porque nuestro será el reino de los cielos
Donde seremos fortificados y colmados.
Y heredaremos la tierra
obtendremos misericordia
Nos sentaremos a la diestra de Dios.

Seremos los hijos de Dios
...Si enterráramos nuestra ira y olvidáramos
Los quinientos años de nuestro cautiverio.
Por fin descansaremos en la Casa de Dios
...Si mantenemos nuestros corazones puros
Mientras los cabrones obligan a nuestras hermanas
A vender sus cuerpos en los palacios de Lujuria
...Si padecemos hambre y sed de justicia
Mientras que los turnos para comer se alargan
Mientras que nuestros enfermos esperan afuera del hospital
Mientras que nos impiden ingresar en las universidades
–Aunque obedezcamos y nos sometamos como corderitos.

(Medellín, Colombia, 1964)

Oh, eternal love:
You will not be absent
After the tarantula weaves her nest
In our withered hair.

For ours will be the kingdom of heaven
Where we shall be comforted and filled.
And we shall inherit the Earth
Obtain mercy
Sit by the right hand of God.

We shall be The Children of God
. . .If we bury our wrath and forget
The five hundred years of our captivity.
We shall finally rest in the House of the Lord
. . .If we keep our hearts pure
While the cuckolds force our sisters
To sell their bodies in the palaces of lust.
. . .If we hunger and thirst after righteousness
While we watch the food lines get longer
While our sick wait outside the hospitals
While they keep us out of the universities
-Even if we obey and submit like little lambs.

CONFLICTO EXISTENCIAL

Quería morir y vivir al mismo tiempo
y no sabía cómo hacer ni lo uno ni lo otro.

No supo dónde ir ni cómo empezar
o terminar
  −sintiendo una necesidad de sobrevivir
como muestra del animal
cuyo destino biológico era seguir respirando
para que su propia especie
entre los otros animales del planeta
no se extinguiera
y sirviera sólo para ser descubierta
en un millón de años
por algún investigador superior
que la reconocería instantáneamente
como miembro de una raza extraña
llamada *Homo sapiens*
que no logró ni adaptarse
ni desarrollarse bien
por tener un factor genético letal
de destructor empedernido
en la mutación cromosomática que la desvió
 de su verdadero destino
hasta que toda la tribu fue arrastrada
hacia su perdición inexorable
  −y al mismo tiempo lidiando
con el impulso inatajable
de querer morir
para no tener sobre nuestra Tierra
la oportunidad humanizante
de reconocer cuando apareciera
el amor sublime
que siempre lo transformaría en un ser
exquisitamente vulnerable y sensitivo
a la menor depredación.

(Ciudad de México, México, 1955)

*EXISTENTIAL CONFLICT

He wished to live and die at the same time
and didn't know how to do one nor the other.

He didn't know where to go nor how to begin
or end
    -feeling a necessity to survive
as a sample of the animal
whose biological destiny was to continue breathing
so that his own species
among the other animals of the planet
would not extinguish
and serve only to be discovered
in a million years
by some superior investigator
who would instantly recognize it
as a member of a strange breed
called *Homo sapiens*
that was unable to either adapt
or develop well
due to a lethal genetic factor
of willful destroyer
in a chromosomatic mutation that deflected it
from its rightful destiny
until his whole tribe was dragged
toward its inexorable perdition
    -and at the same time he struggled
with the unstoppable impulse
of wanting to die so he would not have upon our Earth
the human opportunity to recognize when it came
the sublime love that would always transform him
into a being exquisitely vulnerable and sensitive
to the least depredation.

EL SUEÑO

El hombre descansa y sueña con su deseo secreto
Estrechando a su mujer en sus fuertes brazos
Sintiendo la suave presencia de la compañera
Durante la noche amorosa y lánguida.

Y en la visión de su sueño
El también tiene un lugar respetado entre los hombres:
Habla con ellos con orgullo y alegría
Sin temor
Sin recelo
Ni envidia
Ni rencor
Como un ser humano.

Sus hijos –en su sueño–
Crecen sanos y protegidos
Inhostigados por el terrorismo de la pobreza
Con la oportunidad de ser verdaderos hombres y mujeres
Sabiendo que la Tierra donde nacieron
Jamás será secuestrada.

Siente que no es el primero en soñar así
Y le da fortaleza saber que su padre también soñó
Y que el sueño seguirá soñándose hasta el día
ineludible cuando se cumpla su promesa
Sabiendo que es su poderosa herencia.

El bien sabe:
Construirá su nación segura
Donde todo el pueblo de su niñez
Y las montañas y valles eternos
Vivirán en armonía
Y la codicia será desterrada para siempre.

(Ciudad de México, México, 1955)

*THE DREAM

The man rests and dreams about his secret desire
Holding his woman in his strong arms
Sensing the gentle presence of his mate
Through the loving and languishing night.

And in the vision of his dream
He too has a respected place among men:
He speaks with them with pride and joy
Without fear
Without mistrust
Nor envy
Nor rage
Like a human being.

His children -in his dream-
Grow up healthy and protected
unharassed by the terrorism of poverty
With a chance to become real men and women
Knowing that the Earth where they were born
Will never be sequestered.

He feels he's not the first to dream like this
Strengthened to know his father also hoped
The dream would continue until inevitably
The day of its fulfillment would arrive
Knowing it was his powerful legacy.

He knows it well:
He will build the safe nation
Where all the people of his youth
And the eternal mountains and valleys
Will live in harmony
And greed will be forever banished.

¡PAN!   ¡PAN!

–Una limosnita por el amor de Dios –decían los niños.
–Una limosnita para calmar el hambre en el primer día
del carnaval en el nombre de Dios.

Si tu fortuna es grande
Adornarás tu delicado cuerpo
–Perfumado por la loción de última moda–
Con un disfraz
En la imagen de un demonio
O un santo
Un alcahuete
O una reina
Un payaso
Una muñequita que canta
Tal vez un galante trovador
Una ramera
Un infante
O quizás un esqueleto
O un insecto
Y bailarás y festejarás con tus compinches
Acaudalados
Por tus lujosas avenidas
En tu club exclusivo
–El de los candelabros
Hechos con el oro derretido de los ídolos
Sagrados
Que tus abuelos le robaron a mi tribu.

Si eres como la mayoría de los visitantes
–Un turista de más allá de los mares–
Te quedarás un corto tiempo

*BREAD! BREAD!

-Alms for the love of God -the little children said.
-Alms to calm the hunger this first day of the carnival
in God's name.

> If your fortune be great
> You will adorn your delicate body
> -Perfumed by the most fashionable lotion-
> With a costume
> In the image of a demon
> Or a saint
> A pimp
> Or a queen
> A clown
> A singing doll
> Perhaps a gallant troubadour
> A whore
> An infant
> Or maybe a skeleton
> Or insect

And you'll dance and feast with your wealthy
Cronies
By your luxurious avenues
In your exclusive club
-The one with the chandeliers
Made from the melted gold of the sacred
Idols
Your ancestors stole from my tribe.

If you are like most of the visitors
-A tourist from beyond the seas-
You will stay a short time

Mientras dure la temporada del carnaval
Y verás mucha alegría y risa
Y al partir recordarás
La ciudad y este valle
Por el resto de tu larga y holgada vida
Con un corazón liviano y fácil.

Pero si te quedaras con nosotros por un tiempo
No te demorarías en saber
       –Si tus ojos no se han enturbiado
       Por la indiferencia
       Y si tus oídos no se han ensordecido
       Con el ruido truculento y salvaje
       Del mundo de tus placeres–
Que cuando caminas por las calles de mi ciudad
Y ves a la multitud de mujeres harapientas
Con niños en sus brazos
       –Encías sin sangre
       Labios de espuma–
No es su traje de carnaval lo que contemplas
Sino su única desnudez–
Que las llagas de sus heridas abiertas
No sangran la pintura carmesí de la gozosa temporada
Sino sangre real del tuétano de los huesos
Sondeada al mundo por el corazón vivo–
Que los hinchados
Purulentos pies
No son el disfraz del impostor
Que se burla de las enfermedades
Sino la esperanza podrida de la carne febril
De un ser humano.

As long as the carnival season lasts
And you'll see much joy and laughter
And upon leaving you'll remember
The city and this valley
For the rest of your long and leisurely life
With a light and easy heart.

But if you should stay with us a while
It will not take you long to know
      -if your eyes have not been clouded
      By indifference
      And if your ears have not been deafened
      By the truculent and savage noises
      Of the world of your pleasures-
That when you walk through the streets of my city
And see the multitude of women in rags
With their children in their arms
      -Bloodless gums
      Lips of foam-
It is not their carnival costume you behold
But their only nakedness-
That the sores of their open wounds
Don't bleed the joyous season's scarlet paint
But real blood from the marrow of the bones
Pumped into the world by the living heart-
That the swollen
Purulent feet
Are not the disguise of the impostor
Making fun of diseases
But the feverish flesh's rotted hope
Of a human being.

Y sabrás al caminar por esta ciudad
Que los brazos anhelantes que se extienden hacia ti
No son escarnio farsante de payasos festejadores
Sino que el hambre
—envilecedor y beligerante—
Desgarrando fibras vitales
Ya acecha en los ojos frenéticos
Incitando al cerebro a impulsar la mano sudorosa
En aquel movimiento de reflejo universal
—La herencia más duradera del hombre—
Donde esa mano abierta que tiembla
Se arrima hacia el gran y omnipotente Dios de Dioses
Y hacia la cara del odiado donador.

      Caen cenizas
      Y no escucharás el alegre sonido
      Sino la agonía del hambre.
      Un rugido angustiado invadirá el mundo
      Ahogando cada palabra proferida por el hombre.
      Y sólo una lamentación
      Irresistible
      Se oirá con claridad:
           ¡Pan! ¡Pan!, hijueputas!
           ¡Pan
           Por el amor de Dios!

                      (Río de Janeiro, Brasil, 1954)

And you'll know as you walk through this city
That the arms reaching out to you
Aren't the farcical jeer of entertaining clowns
But that hunger
-Debasing and belligerent-
Tearing at vital fibers
Already lurks in the frantic eyes
Inciting the brain to thrust the sweaty hand
In that movement of universal reflex
-Mankind's most enduring heritage-
Where the open hand that trembles
Comes close to the great and omnipotent God of Gods
And toward the face of the hated giver.

    Ashes fall
    And you'll not hear the happy sound
    But the agony of hunger.
    An anguished roar will invade the world
    Drowning each word uttered by man.
    And only one irresistible
    Lamentation
    Will be heard clearly:

        Bread! Bread, you sons of bitches!
        Bread
        For the love of God!

LOS DOS AVAROS

En cierta ocasión ya hace tantos años que nadie recuerda,
se encontraron dos avaros que andaban perdidos
en un helado desierto.
El uno cargaba comestibles y el otro ropas.
Y el que tenía comida se estaba muriendo de frío.
Y el que tenía ropas se estaba muriendo de hambre.
Cuando los dos avaros se encontraron,
el uno le dijo al otro:
      Te cambio un pedazo de pan
      por la mitad de tu carga de ropa vieja.
Y el otro dijo:
      ¡No creás que soy bobo!
      ¿No veo acaso que te estás muriendo de frío
      Y no tenés con qué cubrirte?
      Te cambio la mitad de tu mugrienta comida
      por un par de calzones.
            Pero como ambos eran tan avaros
            y tercos
            y engañosos,
            ninguno de los dos cedió.
Y cuentan que el uno
se murió de frío.
     ¿Y el otro?
     El otro se murió de hambre.

(Medellín, Colombia, 1953)

*THE TWO MISERS

Once upon a time so long ago no one remembers,
two misers who were lost
in a frozen desert met.
One carried food and the other clothing.
And the one who had food was freezing to death.
And the one who had clothes was dying of hunger.
When the two misers met,
one said to the other:
> I'll trade you a piece of my bread
> for half the load of your old clothes.
And the other one said:
> Don't think I'm a fool!
> I can see you're about to freeze
> and have little to put on.
> I'll trade you half of your stale food
> for a pair of trousers.
>> But since both were so stingy
>> and stubborn
>> and deceitful,
>> neither of them gave is.
And they say that
one froze to death.
> And the other one?
> The other one died of hunger.

THE UGLY ONE

Long ago
in a remote village of the Old Antioquia
lived a woman so ugly
that to see her was frightening.

She lived alone
because all those who looked at her
laughed and made fun of her ugliness.

On a rainy day
when the world seemed to freeze
a poor salesman went out with his merchandise.
He walked and walked
crossing mountains and rivers
and he announced his wares in every village
But he sold nothing.
Finally, already tired from so much walking
and sadly thinking how his children
were starving to death
he sat down on a large stone next to the path
and began lamenting his bad fortune
with a high and desperate voice crying disconsolately.

Suddenly
he heard the voice of the lady everyone called The Ugly
One:
Why do you cry, salesman?
Because my children are dying of hunger
and I can't sell my merchandise to feed them.
The lady then said:
I never go to town and need many things.

*LA FEA

Una vez
en un valle muy lejano de la vieja Antioquia
vivió una mujer tan fea
que asustaba verla.
Vivía sola
porque todos los que la miraban
se reían burlándose de lo fea que era.

Un día de lluvia
cuando el mundo entero parecía helarse,
un pobre vendedor salió con su mercancía.
Caminó y caminó
cruzando montañas y ríos
y en cada pueblo pregonó sus artículos.
Pero nadie compró.

Al fin
ya muy cansado de tanto caminar
y pensando tristemente que sus pobres niñitos
se morirían de hambre,
se sentó sobre una piedra del camino
y comenzó a lamentar su mala suerte
—creyendo estar a solas—
en voz alta y desesperada,
llorando desconsoladamente.

De pronto
oyó la voz de la señora que llamaban "La Fea":
¿"Por qué lloras, vendedor"?
"Pues porque mis hijitos se me mueren de hambre
y no puedo vender la mercancía para darles de comer".

The lady approached the salesman
and bought all his merchandise.

When the poor salesman -who was no longer as poor as
before-
returned to his home
in the lofty mountain peaks of his homeland
the neighbors asked him:
Who bought all the merchandise from you?
And the salesman answered:
In a valley very far away,
the most beautiful lady I ever saw in my life!

(Vineland, New Jersey, USA, 1953)

AFTER THE THIRD WORLD WAR

Without today
Nor tomorrow
There is only emptiness

Nothing

Everything has been canceled
Lost
No invisible zero
In mourning

Nobody

Not even a solitary
And sad
Final dot

(Portland, Oregon, USA, 1970)

La señora luego le dijo:
"Nunca voy al pueblo y necesito muchas cosas".
La señora se acercó al vendedor
Y le compró toda su mercancía.

Cuando el pobre vendedor
que ya no era tan pobre como antes–
regresó a su casa
en las encumbradas cordilleras de su patria,
los vecinos le preguntaron:
¿"Quién te compró la mercancía"?
Y el vendedor contesto:
¡"En un valle muy lejano,
la señora más hermosa que he visto en toda mi vida"!

*DESPUES DE LA TERCERA GUERRA MUNDIAL

Sin hoy
Ni mañana
Hay sólo un vacío

Nada

Todo fue cancelado
Perdido
Sin un cero invisible
De luto

Nadie

Ni siquiera un solitario
Y triste
Punto final

"MI GENERAL"

Una vez,
un hombre que fue "Mi General" dijo:
                    ¡"Marchen"!
          Diez mil jóvenes cayeron muertos.
          Diez mil familias lloraron.
          Diez mil jóvenes jamás rieron de nuevo,
          jamás amaron de nuevo.

Hoy
existe una estatua en la plazuela de mi pueblo
honrando la memoria del hombre que fue "Mi General"
–al que se le antojó decir ¡"Marchen"!
en aquella mañana primaveral cuando la naturaleza
vibró
como una flor en la suave brisa.

          Diez mil jóvenes yacen olvidados.

                              (Salem, Oregon, USA, 1968)

*"MY GENERAL"

Once,
a man who was "My General" said:

> "March!"

>> Ten thousand young men fell dead.
>> Ten thousand families cried.
>> Ten thousand young men never laughed again,

>>> never loved again.

Today,

> there's a statue on the square of my town
> honoring the man who was "My General"
> -the one who happened to say "March!"
> on that spring morning when nature
> trembled
> like a flower in the soft breeze.

>> Ten thousand young men are fogotten.

PARA SIEMPRE
(Un mensaje de Viet Nam)

En la primavera de sus vidas, se encontraron –Ella y El.

"Te quiero", se dijeron.
"Para siempre", juraron.
"Hasta la muerte" ....

En una mañana fría de otoño
un mensajero uniformado del Gobierno tocó la puerta.

"Firme aquí, señora".

DEPARTAMENTO DE GUERRA
DE LOS ESTADOS UNIDOS DE
AMERICA STOP LAMENTAMOS
INFORMARLE QUE SU MARI–
DO PERECIO HONROSAMENTE
EN UNA PELIGROSA MISION
DEL FRENTE MILITAR EN
VIET NAM STOP

Sí, para siempre.

(Salem, Oregon, USA, 1967)

*FOREVER
(A message from Viet Nam)

In the spring of their lives, they met -She and He.

> "I love you," they told each other.
> "Forever," they swore.
> "Till death. . ."

In a cold autumn morning
a uniformed messenger for the Government knocked at
the door.

"Sign here, lady."

> WAR DEPARTMENT OF THE UNITED
> STATES OF AMERICA STOP WE DEEPLY
> REGRET TO INFORM YOU THAT YOUR HUS-
> BAND WAS LAMENTABLY KILLED IN VIET
> NAM IN A MILITARY ACTION STOP

Yes, forever.

EL ENEMIGO

Aquí está tu rifle, soldado.

Pesa mucho.
¿Ves aquel hombre allá?
Es el enemigo.
¡Usa tu rifle!

(¿Por qué?
¿Porque lleva un uniforme diferente?
No lo odio.
Nunca me hizo daño.
Ni siquiera lo conozco.
Tal vez, como yo, no le ha hecho daño a nadie.
Tal vez tenga hijos.
Tal vez....)

¡Qué te pasa, soldado!
¡No pienses!   ¡Obedece!
¡Si no obedeces, eres traidor!
¡Dispara, soldado, en el acto!

¡PUUUUUUUUUUUUUMMMMMMMMMM!

(Pesa mucho.)

(Columbia, Missouri, USA, 1964)

*THE ENEMY

"Here's your rifle, soldier."
"It's heavy."
"See that man over there?"
"He's the enemy."
"Use your rifle!"
(Why?
Because he wears a different uniform?
I don't hate him.
He never harmed me.
Perhaps, like me, he never harmed anyone.
Perhaps he has children.
Perhaps. . . . . .)
"What's with you, soldier!"
"Don't think! Obey!"
"If you don't obey, you're a traitor!"

PUUUUUUUUUMMMMMMMMMM!

(It's heavy.)

EL MANTO NEGRO

Al amanecer,
cuando el manto negro de la noche
se levanta y mi pueblo queda abierto al sol,
la vida rebosa con añoranzas puras.

Así es cuando uno es joven.

Prendo el radio y oigo la voz de un señor que dice:
        "Trescientos soldados murieron anoche en el frente
                                    de batalla".

Y entonces pienso que sería mejor olvidar todo
                y cubrirme de nuevo
                con el manto negro de la noche.

(Bloomington, Indiana, USA, 1951)

*THE BLACK MANTLE

At dawn,
when the black mantle of night
lifts and my village is open to the sun,
life overflows with pure yearnings.

So it is when one is young.

I turn on the radio and hear a man's voice saying:
Three hundred soldiers died last night in the
battle front.

And then I think it would be much better to forget
everything
and cover myself again
with the black mantle of night.

LOS HERIDOS
(En los muelles de la gran ciudad)

Vedlos .pasar a través de los ensangrentados años:
¡Los héroes sin piernas y los nobles sin brazos!
Allí: ¡están pasando, desfilando los heridos!

¡Aaaaateeeeennnción!

Mirad los jóvenes que se van. Miradlos:
Sonrientes, charlando, sin saber.
¿Será esta la gran aventura de su vida?
Miradlos regresar, miradlos:
Cojeando, llorando..... ¡ los heridos!
Austera la mirada, gimiendo, sabiendo.
Allí: ¡están pasando, desfilando los heridos!
Extraviados los ojos, crujiendo los dientes.

Contestadme: ¿Será posible tener paz en el mundo?
¿Enmudecéis?
¿Nadie sabe la respuesta?
¡Entonces preguntadles–
Preguntadles a los heridos!

(New York, NY, USA, 1945)

IRONIA

Qué ironía, pensé:
 Ya fuera del ejército,
 El veterano de la guerra
 Que recibió la medalla de honor
 Por haber matado a veinte hombres,
 Fue, ahora, durante la paz,
 Puesto en prisión
 Por haber amado a uno.

(Portland, Oregon, USA, 1969)

*THE WOUNDED
(On the docks of the big city)

See them coming through the bloody years,
The legless heroes and armless braves.
There: they're parading now, the wounded!

Aaaaaaatteeeennnntion!

Watch the young men going away. Look at them:
    Smiling, chatting, not knowing.
Will this be the great adventure of their lives?
See them return! Limping, crying, the wounded!
    Looking sternly, moaning, knowing!
There: they're parading now, the wounded!
    Their eyes lost, their teeth gnashing!
Answer me: do you think world peace is possible?
You don't answer?
No one knows the answer?
Then ask them-
Ask the wounded!

*IRONY

What irony, I thought:
    Once outside the army,
    The war veteran
    Who received the medal of honor
    For having killed twenty men,
    Was, now, during the peace,
    Put in prison
    For having loved one.

EL AÑO NUEVO

Labios se besaban a media noche.

Voces en una taberna
gritaban:
¡"Feliz año nuevo"! y el estrépito de vasos
llenos con ron y whisky y cerveza
llegaba hasta la calle.

Humo de bocas pintadas,
girando cual danzantes egipcias
por el salón de baile
se escurría por la estrecha puerta.

Cien parejas bailaban
con frenesí en un lugar diseñado
para sesenta:
doscientas personas oliendo a alcohol y cigarrillo
y sudor
y perfume barato.

Un vagabundo
parado en un pedazo de nieve
que se derretía en la calle,
miró a través de una ventana
hacia al tumulto confuso
de bailarines en el salón opaco,
murmurando:

Ah bueno tener dinero para comprarme una cerveza.
Cómo quisiera bailar allí en medio del humo clandestino,
con serpentina, voces humanas en derredor,
y labios rojos y senos voluptuosos cerca de mí.
Qué no daría por una buena hembra para que me ayudase
a olvidar la soledad y el terror que trae el año nuevo.

(Nueva York, New York, USA, 1953)

*THE NEW YEAR

Lips kissed at midnight.

Voices at a tavern
shouted:
Happy new year!
and the clanging of glasses
filled with rum and whiskey and beer
reached the street.

Smoke
from painted lips,
whirling like Egyptian dancers
through the ballroom
sneaked out through the narrow door.

A hundred couples danced
in a frenzy
in a room designed
for sixty:
two hundred people smelling of alcohol and cigarettes
and sweat and cheap perfume.

A hobo
standing on a piece of snow
that was melting in the street,
looked through a window
toward the confusing tumult
of dancers in the murky room,
murmuring:
I wish I had money to buy me a beer.
How I'd like to dance there
surrounded by the clandestine smoke,
with serpentine, human voices around me,
and red lips and voluptuous breasts near me.
What wouldn't I give for a good lay to help me forget
the loneliness and terror that the new year brings.

EL MAESTRO Y EL OBRERO

Cuando estaban construyendo el primer
Edificio de la Universidad de Antioquia,
El Maestro le preguntó a un Obrero:
¿Qué haces mi buen hombre?

Ganándome un jornal palimentar la familia.

Y el que estaba a su ladó dijo:
Abriendo una zanja aquí, Maestro.

El Maestro se aproximó a un tercero:
Y tú ¿qué haces?

El Obrero
Descargó una enorme piedra que llevaba a cuestas
y secándose las gotas de sudor
Que le rodaban por la frente,
Alzó la mirada y dijo sonriendo:
Yo aquí, Maestro, construyendo una universidad.

(Medellín, Colombia, 1952)

*THE TEACHER AND THE WORKER

When they were building the first
Edifice at the University of Antioquia,
The Teacher asked a Worker:
¿What are you doing, my good man?"

Earning my wages to feed my family.

And the one who was by his side said:
Digging a ditch here, *Maestro.*

The Teacher approached a third one:
And you? What are you doing?

The Worker unloaded a great stone he carried
And drying the drops of sweat
Running from his forehead,
Looked up and said smiling:
I'm here, *Maestro,* building a university.

CANTO A LA TIERRA

Mi hogar es la Tierra y todo lo que en Ella existe:
    Tierra de hordas salvajes
    que se odian y se asesinan;
    Tierra de invenciones malignas
    de destrucción y pestilencia;
    De pordioseros y millonarios:
    de gente que duerme en las bancas duras
    de parques simétricos;
    De gente que se acuesta entre sábanas
    limpias y perfumadas y almohadas blandas;
    De reyes que gastan en una noche báquica
    lo que se comen diez familias de obreros
    en diez años;
    De enfermos que perecen porque no tienen
    con qué pagarle a un hospital;
    De criminales empedernidos que se amamantaron
    de los senos del crimen sin oportunidades
    para mejorarse;
    De farsantes embusteros que le arrebatan al Pueblo
    el pan cotidiano de las manos–
    de las bocas hambrientas de niños
    que no tuvieron la culpa de haber nacido;
    De mujeres que alquilan su cuerpo a borrachos
    por mil pesos, treinta dólares, una manotada de liras
    o los francos que estén en el bolsillo
    o lo truecan por un mendrugo de cariño
    en medio de la zozobra;
    De guerras en las cuales mis Hermanos
    se destruyen enriqueciendo al vendedor de armamentos–
    con piedras, cuchillos, flechas, pistolas, bayonetas,
    tanques, gases asfixiantes, aviones, bombas atómicas,
    sin saber por qué.
Y sin embargo, amo la Tierra y su simiente:
    Me alimento y me visto de Ella.
    En Ella amo y odio y me desespero.

*A SONG TO THE EARTH

My home is the Earth and everything within Her:
     Earth of savage hordes
     hating and murdering each other;
     Earth of malevolent inventions
     of destruction and pestilence;
     of beggars and millionaires:
     of people who sleep on the hard benches
     of symmetrical parks;
     of people who lie down among clean
     and perfumed blankets and soft pillows;
     Earth of kings who spend in one bacchic night
     what is consumed by ten workers' families
     in ten years;
     Earth of the sick who die because they can't
     pay for a hospital;
     Earth of hardened criminals who were fed
     by the breast of crime without opportunities
     for improvement;
     of deceiving liars who seize the People's
     daily bread from their hands-
     from the hungry mouths of children
     who were not to be blamed for being born;
     of women who rent their flesh to drunkards
     for a thousand pesos, thirty dollars, a handful of liras
     or the franks that are in the pockets
     or exchange it for a crumb of kindness
     in the midst of adversity;
     of wars in which my brothers
     destroy each other enriching the armament peddlers
     with stones, knives, arrows, pistols, bayonets
     tanks, asphyxiating gas, airplanes, atomic bombs
     without knowing why.
And yet, I love the Earth and its seed:
     She has fed and clothed me;
     on Her I love and hate and despair;

En Ella me he criado
y en Ella se criaron los que me dieron la vida.

En Ella he visto el embeleso púrpura
de miles de medianoches,
el azul dorado de los atardeceres,
la blancura inmaculada de la nieve
que cae sobre las rocas negras
de encumbradas cordilleras
que se levantan majestuosas
sobre verdosos valles fértiles
donde el barro rojo
devora los cuerpos morenos
de la Humanidad.
¡Amo la Tierra multicolor y todo lo que Ella existe!

¡Amo la breve llovizna de mañanas primaverales
Cuando el viento azota
y uno puede oler la libertad!

¡Amo la vista que ofrecen las grandes montañas
que saltan de profundos cañones
y el cantar de los ríos
que se precipitan hacia el mar!

¡Amo la Tierra que vaga silenciosa entre las estrellas
a través de la nebulosa eternidad!

¡Amo la Tierra que está llena de yerbas y arena
y Hermanos y Hermanas
y frutas y piedras:
La Tierra cubierta de nieve,
cubierta de sangre,
cubierta de polvo,
cubierta de lágrimas
y risas!

(Medellín, Colombia, 1948)

I grew up on the Earth
and so did those who gave me life.

It was on the Earth where I saw the purple rapture
        of a thousand midnights,
        the golden blue of evenings,
        the immaculate whiteness of the snow
        that falls upon the black rocks
        of lofty mountain ridges
        that rise majestically
        above green and fertile valleys
        where the red clay
        devours the tan bodies
        of Humanity.

I love the multicolored Earth and everything that
                                exists in Her!

I love the brief drizzle of spring mornings
        when the wind lashes
        and one can smell freedom!

I love the sight of towering pinnacles
        leaping from unknown depths
        and the singing of the rivers
        rushing toward the sea!

I love the Earth roaming silently among the stars
        through nebulous eternities!

I love the Earth filled with grass and sand
        and Brothers and Sisters
        and fruits and stones:
        the Earth covered with snow,
        covered with blood,
        covered with dust,
        covered with tears
        and laughter!

EL TIEMPO

> Los pensamientos de la juventud
> son largos, largos pensamientos.
> H. W. Longfellow

Nunca me detengo:
    Soy el tiempo que se mueve hacia el infinito.

Todo lo que existe
    todo lo creado
    pasa por mi lado.

Soy el único que ni se apresura
    ni se detiene.

Nada sucede que yo no mida:
    no tengo límites y todos reciben una porción
                                diferente de mí.
    Lo que vale es cuánto me usan los humanos
    y no cuánto los uso a ellos.

Nadie me puede detener:
    soy el dueño absoluto de mi destino.

Guerras pasan por mi lado
    y la muchedumbre muere, nace y vive, ama y llora
    sobre mí:
    el odio y el dolor, el placer y el terror,
    la riqueza y la miseria son mis esclavos.
    ¡De todos ellos me burlo y de todos me olvido!

Bajo el sol ardiente
    o en la oscuridad de frías noches blancas
    camino con pasos seguros.

Mi camino nunca termina
y ni siquiera yo veré su trayectoria
porque mis horizontes son incomprensibles.
¡Yo sigo mi sendero! ¡Yo corro solitario!

*TIME

> The thoughts of youth are long,
> long thoughts.
> H. W. Longfellow

I never stop
    for I am the Time that moves toward the limitless.

Through me goes all that exists
    and all that is created.

I alone am the one who never slows
and never speeds.

Nothing happens that I do not measure:
    infinite am I and everyone gets a different share
                                    of me-
    they give birth and live, fight and love through me;
    hate and pain, pleasure and terror are my slaves.
    I laugh at them all!

Under the bright sunshine
    or in the darkness of the cold white nights
    I walk with sure steps.

My road never ends
    and I shall never see much of it
    because my horizons are beyond any comprehension.

Let me run my way! Let me run alone!

People know me well
    and they are afraid of me:
    their lives are molded to my caprice;

La gente me conoce muy bien:
les da miedo de mí-
sus vidas se amoldan a mis caprichos
y no se puede escapar.
Dejarme significa el fin para ellos:
el fin del castigo y la pena, del llanto y del dolor-
quizás a veces la felicidad -pero es el fin.

La gente se acuerda de mí
mas yo soy descuidado con ellos y los olvido:
estoy demasiado viejo para recordar
o tal vez demasiado joven.

¡Mi vida eruptó de las vacías entrañas de la nada!
comenzó antes del Todo
y subsistirá después del Todo!

¡Indestructible! ¡Altanero! ¡Indiferente!
Llamadme como queráis.
Yo destruyo lo que cruce mi camino.

Nadie ha podido detenerme:
no os atreváis a incitar mi furia-
no seáis necios para tratar de hacerlo.

¡Yo sigo mi sendero!   ¡Yo corro solitario!

Aprended a respetarme u os dejaré abandonados.
No os burléis de mí:
Cuando oigáis los rugidos de las cataratas de la muerte
no estaré con vosotros.

¡Míseras criaturas humanas:

apegáos a vuestra Tierra y nunca la neguéis!
Contentáos con las migajas que obtengáis de mí
y no roguéis por más.

¡Yo sigo mi sendero!   ¡Yo corro solitario!

(Houghton, New York, USA, 1948)

they can't escape me;
to leave me means the end to them:
the end of pain and sorrow, tears and grief,
perhaps sometimes happiness, but it is the end.

People remember me well
but I am careless with them and forget;
I am too old to remember
or perhaps too young.

My life came out of the darkness of the nothing:
it began before everything
and shall last after everything.

Indestructible! Fearless! Insensitive!
you can call me all that:
yet I can destroy all that gets in my path.

Nobody has ever tried to stop me:
don't dare to arouse my wrath;
don't be so foolish to try to do it.

Let me go my way! Let me run alone!
Learn to respect and appreciate me
or I shall leave you without me.

Don't laugh at me:
when you will hear the sound of the cataracts of death
I won't be with you.

You miserable creatures:
live close to your Earth and deny it not;
be contented with whatever you get of me
and never beg for more!

Let me go my way! Let me run alone!

LAUGH, CLOWN, LAUGH!

> Laugh, clown. You must transform
> your pain into laughter.
> Leoncavallo

C'mon clown, make us laugh!
Take away our sorrows for a while.

> If your soul is sad and the act might be spoiled
> By the expression on your face,
> Paint laughter on it:
> though smeared with a tear or two
> We shall not care.

We want to laugh at your grotesque grimaces!
Laugh as if it were the last time!

Laugh your life away, clown,
And as the roaring turbulence of death arrives,
Laugh once more as you have never done before:
Shouting,
Brawling,
Compelling,
Sweating, shrieking, groaning,
Clashing your teeth amid your blood,
Laugh at yourself till you die!

Later, there'll be time
Through the hecatomb of countless years ahead,
To pour from your eyes
The accumulated ocean of your tears.
And, when somewhere in the Infinite,
The ocean in its cup be dry again,
To laugh just once with the simple and melodious,
Sincere and joyous laughter of a child.

(Houghton, New York, USA, 1949)

*¡RIE, PAYASO, RIE!

> Ríe, payaso. Tienes que transformar
> tu dolor por la risa.
> Leoncavallo

¡Ven, payaso, haznos reír!
Llévate nuestras penas por un rato.

Si tu alma está triste y el acto podría echarse a perder
Por la expresión de tu cara,
Píntate una risa;
Aunque embarrada con una u otra lágrima
No nos importará.

¡Queremos reírnos de tus grotescas muecas!
¡Reírnos como si fuera la última vez!

Pásate la vida riéndote, payaso,
y cuando llegue la bramante turbulencia de la muerte,
Ríete una vez más como nunca lo hiciste antes:
Gritando,
Alborotado,
Apremiante,
Sudando, chillando, gimiendo,
Con el fragor de tus dientes en tu sangre,
Ríete de ti mismo hasta morir.

Después, habrá tiempo,
A través de la hecatombe de incontables años
Venideros,
Para vaciar de tus ojos
El mar acumulado de tus lágrimas.
Y, cuando allá en algún Infinito,
El mar en su copa se seque de nuevo,
Ríete sólo una vez con la simple y melodiosa,
Sincera y alegre risa de un niño.

FANTASIA DE UN POETA DE 19 AÑOS
(Una sinfonía en seis movimientos)

... descubrí un nuevo mundo al perderla...

I

Escribí sobre las estrellas cuyo fulgor
En los claros firmamentos brilla hasta herir
El oscuro silencio de las noches olvidadas.
Tracé el curso de los cometas
Cuando su llama cuelga vacilante en los espacios;
Cuando, escondiendo su moribundo resplandor,
Juegan entre las ligeras nubes borrascosas.
Vi las perlas nocturnas centelleando
Con su rítmico vaivén roto por relámpagos.
Su siniestra hermosura,
Solemne grandeza,
Con mi fantasmagórica pluma he descrito.

II

En las aguas agitadas de los mares
Leí las aventuras de los siglos,
Y encontré el rastro invisible de perdidas naves,
Los millones de secretos guardados por las algas,
Con las llaves de mi imaginación.
A quienes no se atrevían verlas,
Pues sus ojos fueron seducidos por la costa,
Yo he mostrado el grandioso poder de los piratas
Y la mágica belleza de sus esclavas.
De todos los tesoros y las islas,
De batallas y de muertes,
De amores y pesares he hablado.

*PHANTASY OF A 19 YEARS OLD POET
(A symphony in six movements)

.....I discovered a new world when I lost her....

I

I have written about the stars when their splendor
In the clear heavens is so bright as to hurt
The silent darkness of forgotten nights.
I have traced the course of comets
When their vacillating dimness hangs in space,
When, hiding their dying glare,
They play among the fast-moving, stormy clouds.
I have seen the heavenly pearls scintillating,
And watched the lightning break their rhythm.
Their sinister beauty
Their solemn greatness,
With my own phantasmagoric pen I have described.

II

In the agitated waters of the oceans
I read the adventures of the centuries
And found the invisible trail of lost ships,
The million secrets kept by seaweed
With the keys of my imagination.
And to those who could not see them
Because their eyes were seduced by the seashore
I have shown the mighty power of the pirates
And the magic beauty of their maidens.
Of all the treasures and the islands
Of fighting and dying,
Of loves and sorrows I have spoken.

III

Escalando los pináculos más altos de la Tierra
Y los planetas,
Recordando todo lo existente,
Me aprendí las rutas del Universo.
En las veloces alas de mi fantasía volé
Sobre los perdidos horizontes del Infinito,
Y fui el único testigo de todos los fines y principios.
Con el ritmo trunco de mi poesía,
A quienes no osaron escrutar entre los cielos,
Relaté las leyendas de las Edades,
Las ocultas riquezas de los valles,
El intrincado curso de los ríos,
La magnificencia de incógnitas montañas,
Las historias de remotas ciudades y naciones.

IV

Me arrojé en los abismos del Infierno y Paraíso.
Al precipicio más hondo mi mente ha vagado.
Y el petrificado enigma del Más Allá
Sólamente yo he comprendido.
Allí, los cavernosos ecos de los años,
Sólo en mis oídos han resonado.
Y a quienes fueron ensordecidos
Por los vanos rugidos mundanales,
Yo he descifrado las claves de las Epocas,
Sueños fantásticos de todos los profetas y poetas,
El por qué de la Casa de Satán y el por qué del Cielo,
La razón por la cual las almas morarán en ellos.

III

Scaling the highest pinnacles on Earth
And in the planets,
Taking note of all existence,
I learned the routes of the Universe.
On the swift wings of my phantasy
I flew over the limitless horizons of Infinity
And was the sole witness of all ends and beginnings.
With the broken rhythm of my poetry,
To those who dared not search into the heavens,
I told about the ancient legends of the Ages,
The hidden richness of the valleys,
The intricate course of the rivers,
The magnificence of unknown mountains,
The histories of remote cities and nations.

IV

I plunged into the abysses of Paradise and Hell.
To the deepest precipice my mind has wandered,
And the petrified enigma of Beyond
Only I comprehended.
There, the cavernous echoes of the years,
solely in my ears have resonated,
And to those who by the useless sounds
Of worldly noises had been deafened,
I have deciphered codes from all the Epochs,
fantastic dreams of all the poets and the prophets,
The why of the House of Satan and the why of Heaven
And the reasons for souls to dwell in them.

V

He conversado con Angeles y con Demonios;
En las interminables aventuras de mi existencia
Tropecé contra el cabalístico camino
Donde las tumultuosas masas de muertos
Olvidados siguen su camino.
La destinación de cada espíritu descubrí,
Y a mortales que no viajaron más allá de la carne
Yo he narrado el significado de cada paso
En el andar hacia pena o deleite interminables,
La profundidad de suspiros inagotables,
El misterio del timbre de las risas,
Y la bondad o maldad de las almas.

VI

¡Desnudé Muerte y Vida
De sus más íntimos secretos!
Los océanos,
Los horizontes,
Las cavernas,
Infierno y Paraíso: ¡Todos han sido míos!
Para temer, mi ser solitario jamás ha existido.
Pero un llanto de terrible angustia invadió mi pecho
Al ver las inútiles batallas entre cabezas y corazones,
Al sentir, encadenado, cómo las vanas ilusiones
Del autoengaño en mis propias sombras
Salían siempre avantes en la feroz contienda.

Una vez que, alelado, percibí la confusa conglomeración
De todo lo que mi fantasía incluyó,
En contraste con las tinieblas vacías de mi propio Fondo,

V

I have spoken with Angels and with Demons.
In the endless adventures of my existence
I stumbled into the cabalistic road
Where the tumultuous masses of the forgotten dead
Follow their road.
The destination of each spirit I learned,
And to mortals who didn't travel far beyond the flesh,
I have narrated the meaning of each step
In the walk to woe or joy everlasting,
The depths of inexhaustible sighs,
The mystery behind the timbre of the laughter,
And the goodness or the evil of the souls.

VI

I have stripped Death and Life
Or their innermost secrets!
The seas,
The horizons,
The caverns,
Hell and Paradise: they have all been mine!
To fear, my solitary Being never existed.
But a terrible cry of anguish invaded my breast
When I saw the useless battles between heads and hearts,
Feeling, in chains, how the vane illusions
Of self deceit within my own shadows
Always won out in the fierce struggle.

Once I breathlessly beheld the confused conglomeration
Of everything that my phantasy encompassed,
In contrast with the empty darkness in my own Depth,

Poseído por las mismas pasiones viles de Cualquiera,
Sobre el papel inmaculado de la Eternidad,
Con la negra tinta de la Mortalidad, lo escribí todo...

Y al percibir los mórbidos conflictos que formaban
Los contrastes de la Mentira y la Verdad,
El pánico de lo desconocido se apoderó de mí.

Mudo de pavor me encontré impotente,
        Un mero jovencito sin rumbo en el gran mundo de
                                                    extraños,
Como cuando la claridad del día se somete
Ante la intransigente noche.
¡Y mi propio Ser se sintió perdido
En la danza loca,
La danza macabra,
La danza inevitable de la cruel Realidad!

                        (Houghton, New York, USA, 1946)

Possessed by the same vile passions of Anyone,
Upon the immaculate paper of Eternity,
With the black ink of Mortality, I wrote it all. . .
And upon witnessing the morbid conflicts that were formed
By the contrast between Lies and Truths,
Panic of the unknown bound me still.
Dumbfounded by dread I found myself barren,
A mere youngster adrift in the great world of strangers,
Like the day's clarity that must submit
Before the intransigence of night.
And my own soul felt lost
In the crazy dance,
The dance macabre,
The inevitable dance of cruel Reality.

THE BALLAD OF TOM McCALL (+)

He came from Massachusetts and settled in the West.
His name was Tom McCall and he struggled for the best.
So big and strong he grew he had a mighty hand,
But never used it harshly: he'd always understand.

In those old days of Tom's his Oregon was young
And soon at Crooked River his love for her had sprung!
He always hoped to write about her and her flag.
He wrote about the eagle nesting in a snag.

Reporter for the News-Review, Tom got around,
For while he worked, a lovely girl he sought and found.
Then on a winter morning met his bride to be:
Her name was Audrey Owen, darling blond was she.

For years his towering frame was seen on Channel Two.
He kept the promises he made: his message grew.
His booming voice proclaimed the story of Oregon
While twice he ran for Governor and twice he won.

The giant maverick spoke always loud and clear:
"Erase the party labels, clean the atmosphere,
Conserve the energy, make beaches safe for all,
Get rid of crooks in politics and stand up tall!"

He fought for the Willamette River nationwide
And when he saw the fish upstream for joy he cried.
Was first to tell old tricky Dick, "You must resign!"
Refused to die until he made the land a shrine.

He roams the trails of his own promised land
Reviewing laws while spotting bottles in the sand.
Some day we'll take a nice long walk with Tom up there:
You bet he'll get us land use planning and clean air.

(Portland, Oregon, USA, 1983)

(+) Sin versión en español = Without Spanish version

KROCKY -EL CAIMAN-
Y LA RANA DENTISTA (+)

(A Sarita, a los ocho años, para ahuyentar el miedo.)

Desde Magangué bajando, Krocky -el caimán-
desayunose con pescado y ciruela,
por el río Magdalena. Iba sin afán
por tener ahora un gran dolor de muela.

¡Auxilio, quién ha de quitarme este dolor!
¡Quién me sacara de este apuro! gritó
desde el fondo del río con mucho fervor.
¡Auxilio, auxilio! con lágrimas imploró.

Oyéndolo berrear sin darle vergüenza
por las playas, como si nadie lo viera,
una ranita acudió en su defensa,
pero Krocky no la vio: tan chiquita era.

Ya muy cerca del caimán, con recancanilla
croó: Si me muerdes no te puedo ayudar.
En cambio si te curo -hasta Barranquilla,
a ver a mis primitos -me tienes que llevar.

¿Qué sabes tú de muelas y dientes de caimán?
¡Tan chiquita y presumida! ¡No me gustas!
¡Cuida! ¡Los que entran a mi boca no se van!
Y la ranita contestó: ¡No me asustas!

_____

(+) Sin versión en inglés = Without English version

Si prefieres que el dolor te deje en paz
debes prometer no morder y lo que pido.
En Barranquilla habrá una fiesta de disfraz:
Allá te llevo si me cargas sin descuido.

¿Y qué haré si tanto duele la sacada
de un diente que al sentir la sacudida
se me olvide mi promesa malhadada
-promesa que nunca he hecho en la vida?

Pues recuerda las empanadas de tortuga
de la fiesta, las cien culebras enroscadas,
miel de moscas, mil huevos crudos con lechuga:
comilona de estupendas bocanadas.

De pronto se agravó el dolor de muela.
Pobre Krocky dio un vuelco en la arena.
¡Sí, prometo, sí: el todo es que no duela.
Por mi madre lo prometo! gritó sin pena.

Ya el caimán cerró sus ojos desconfiado
y cuando la dentista se le encaramó
con un palito, quedó muy enfadado.
Abrió un ojo por si acaso. Rana habló:

Bien abierta, abre esa enorme boca.
no cierres aunque duela como el diablo
mientras este palito cada diente toca,
mientras yo aquí, para calmarte, te hablo.

¿Dolerá mucho, misiá Ranita dentista? .... ¡aaaayyyy!
¡¿dolerá mmmmuuuu?! preguntó abriendo otro ojo.
Pero si aún ni te he tocado. ¡Caray!
¡Por Dios, señor don Krocky, no seas tan flojo!

Ranita primero las manos bien se lavó.
Con gafas, delantal blanco y linterna
en la boca abierta de Krocky se metió
y prendió la luz en la oscura caverna.

¿Cuál de todos duele más cuando te toco?
¿Este duele? Aaahhg, no. ¿Y, hmmm, éste? Tampoco.
¿Y este otro abajo, duele? Un poco.
¿Y el que sigue? ¡Aaayyyyiii! Chilló Krocky como loco.

Antes de darse cuenta, la rana le sacó
-A pesar de su más alborotado ruego-
una espina horrible que se le clavó
entre dos muelas, dándole por fin sosiego.

¡Ranita: lo que hiciste no causó dolor!
¡Gracias! ¡Libre estoy! ¡Ya no tendré que gemir!
Así, la vida de caimán es mucho mejor.
¡Qué chévere eres! ¡A gozar!   ¡A reír!

A Barranquilla fueron, caimán y ranita
-él con cuatro cigarros y ella de gorro,
montada en la cola, tan guapa, tan chiquita-
a engullir comilona y a bailar el porro.

(Barranquilla, Colombia, 1985)

*EL MONO, EL SAPO Y YO (+)

A Gabrielle.

Por las aguas turbulentas del río Napo,
en un árbol desramado y carcomido
viajaban un enorme mono y un sapo.
Por tres días ninguno había dormido.

Entre las negras Cataratas del Despido
ni el mono ni el sapo fue redimido.
Se hundieron en un profundo remolino.
Al rebotar en el peligroso torbellino
creo que uno dijo: Todo está perdido.
Del sapo no salió ni un sólo quejido.
El mono –ése sí– a la orilla vino.

Viéndome en tierra firme se me abalanzó.
¡Qué susto! dije. Pero el mono me abrazó.
Entre los dos, andaba él con más miedo que yo.

(Portland, Oregon, USA, 1988)

(+) Sin versión en inglés = Without English version

*NIÑEZ (+)

Subíanos
y bajáanos.
Nos deslizáanos
y nos revolcáanos.
Nos cansáanos
y al suelo nos tiráanos.
Helado chupáanos.
Nos perseguíanos
y nos agarráanos.
De cansancio casi nos moríanos.
Nos escondíanos
y nos encontráanos
y todo el santo día jugáanos.
¡Dios bendito!   ¡Que tanto gozáanos!

(Portland, Oregon, USA, 1975)

*RECUERDOS (+)

Cuando en las noches de brumas al mar me retiro
Y las olas gimen al ver que suspiro,
Del triste pasado mejores recuerdos no espero.
Entonces mi vida
Parece perdida
En la sombra mortal del ayer lastimero.

Cuando en las noches de lluvia a solas me siento
Y las ramas crujen al paso del viento,
De días antaños y amargos con pena me acuerdo.
Entonces mi vida
Se halla rendida
En el vano capricho del vano recuerdo.

(Houghton, New York, USA, 1948)

*MI MAMITA (+)
(Escrito durante el impacto regresivo de mi
psicoanálisis)

Mi mamita,
la loquita,
tiene ganas de llorar.
Ya no quiere,
ya no puede
con su niño más jugar.

(Tacoma, Washington, USA, 1981)

_____

(+) Sin versión en inglés = Without English version

¡KUKURIKUUU¡ ¡QUIQUIRIQUIII¡ (+)
(A Sarita, en su sexto cumpleaños.)

Kukurikú
el gallito
–un bululú
verraquito–
madrugador
y cantante,
es trovador
muy galante.
Usa gafas
ahumadas
y alhajas
prestadas.
Moño tiene,
rojo crestón.
Siempre viene
con su bastón.
Caprichoso
hasta el fin
y dichoso
con su violín
dio una noche
serenata
en derroche
a su ñata.

Se llamaba
Quiquiriquí:
la amaba
con frenesí.
Se la trajo
con la luna
sin trabajo,
a su cuna.
De los huevos
que salieron
30 nuevos
ya crecieron
y la banda
de gallitos
en parranda
–¡ay qué gritos!–
alborota
noche y día
con su rota
melodía:
¡Kukurikúúú¡
¡Quiquiriquííí¡
¡Kukurikúúú!
¡Quiquiriquííí!

(Portland, Oregon, USA, 1973)

(+) Sin versión en inglés = Without English version

Nuestro agradecimiento a las publicaciones donde aparecieron inicialmente algunos poemas del libro.

Our gratitude to the publications where some of the poems of this book first appeared.

"Time": *Lanthorn Review*, Houghton, New York, 1948.

"Phantasy"; "Laugh clown, laugh": *Lenthorn Review*, Hougton, New York, 1949.

"Canto a la tierra"; "Si un Pueblo"; "El año nuevo"; "Los heridos"; "El Tiempo"; "Fantasía": *El Colombiano Literario*, Medellín, Colombia, 12, XII, 1954.

"Recuerdos"; "Mi General"; "¡Ríe, payaso, ríe!": *El Colombiano Literario*, Medellín, Colombia, 12, XI, 1955.

"A song to the Earth": *The North Coast Times Eagle*, Astoria, Oregon, USA, 21, XII, 1979, Vol. 11, No. 10.

"The last ten minutes in the life of the tiller": *The North Coast Times Eagle*, Astoria, Oregon, USA, 4, IV, 1980, Vol. 1, No. 15.

"Plegaria sin respuesta: por el coro de niñas rameras"; "Conjuración Azteca"; "Los Hijos de Dios"; "Evolución": de la novela "Hijos de la Madrugada", Ecoe ediciones, Bogotá, Colombia, 1987.

"Atardecer en el río Magdalena"; "Carta a mi amante": del cuento "Cartas a mi amante", *The Americas Review*, Vol. 15, Summer 1987, No. 2, Arte Público Press, University of Houston, Houston, Texas, USA.

"The ballad of Tom McCall": *The North Coast Times Eagle*, Astoria, Oregon, USA, 5, VII, 1989, Vol. 11, No. 1.

"Lujuria": *Revista Literaria Chiricú*, Indiana University, Bloomington, Indiana, USA, Vol. 6, No. 1, 1990.

"El día que yo muera"; "Carta a un compatriota"; "Olé, Manuel Báez

'Litri', olé!": *The Americas Review,* Vol. 18, Summer 1990, No. 2,. Arte Público Press, University of Houston, Houston, Texas, USA.

"Little Sara"; "Birthday"; "You arrived, my love, in the best of times"; "Ballad of the infinite love"; "Blades of grass"; "Love me, love me now": *The North Coast Times Eagle,* Astoria, Oregon, USA, 6, Vol. VII, 1991.

La ilustración por Gustave Doré en la página 11 apareció en *The Divine Comedy,* New York: Pantheon Books, 1948.
The illustration by Gustave Doré on page 11 appeared in *The Divine Comedy,* New York: Pantheon Books, 1948.

La pintura en la página 19 es por Francisco José de Goya y Lucientes, Museo del Prado, Madrid, España ("El Escritor").
The painting on page 19 is by Goya, Prado Museum, Madrid, Spain, ("The Writer").